国家自然科学基金面上项目(41671142)

黄河流域非物质文化遗产传承创新研究

柯　雯◎著

中国石化出版社
·北京·

内 容 提 要

全书共分五章：第一章介绍了黄河流域的宏观背景；第二章从理论出发，帮助读者构建基本概念框架；第三章聚焦于区域内非遗资源现状，展示了黄河流域非遗资源的丰富性与特色；第四章剖析黄河流域九省（自治区）传统工艺创新转化的典型案例；第五章总结传承创新的局限，探讨相应策略与措施，并展望未来趋势。

本书适合非遗研究、文化产业管理、民俗学相关专业的师生阅读，也可作为非遗保护工作者、文化产业从业者和相关领域研究人员的参考书籍。

图书在版编目（CIP）数据

黄河流域非物质文化遗产传承创新研究 / 柯雯著.
北京：中国石化出版社，2025. 8. —ISBN 978-7-5114-8049-1

Ⅰ. G127. 2

中国国家版本馆 CIP 数据核字第 2025YR5358 号

中国石化出版社出版发行

地址：北京市东城区安定门外大街 58 号
邮编：100011 电话：(010)57512500
发行部电话：(010)57512575
http://www.sinopec-press.com
E-mail:press@sinopec.com
北京捷迅佳彩印刷有限公司印刷
全国各地新华书店经销

*

710 毫米×1000 毫米 16 开本 12 印张 202 千字
2025 年 8 月第 1 版 2025 年 8 月第 1 次印刷
定价：58.00 元

前言

PREFACE

在人类文明的漫长演进历程中，非物质文化遗产(简称非遗)如同闪耀的珍珠，镶嵌在各民族和各地区丰富多样的文化脉络之中，承载着深厚的历史记忆、独特的文化特质以及民众的集体智慧。黄河作为中华民族的摇篮，奔流不息地贯穿广袤大地，滋养了灿烂辉煌的华夏文明。黄河流域，这片被黄河润泽的丰饶土地，不仅拥有壮丽的自然风光、悠久的历史底蕴，更积淀了丰富多彩、弥足珍贵的非物质文化遗产。

自远古时代以来，黄河流域一直是人类繁衍生息的关键区域。经过数千年的历史变迁，各个时期的文化在此交汇、碰撞，孕育出独具特色的文化生态。这里的非物质文化遗产涵盖了传统技艺、民间文学、传统美术、传统音乐等诸多领域，每一项非遗项目都犹如一部生动的史书，讲述着黄河流域人民的生产生活、信仰习俗、审美情趣以及与自然和谐共生的智慧。

然而，受全球化和现代化浪潮的影响，黄河流域的非物质文化遗产正面临前所未有的考验。传承人才的青黄不接，使得许多古老技艺濒临失传；资金投入的匮乏，限制了非遗项目的保护与开发；技术融合的困境，阻碍了非遗与现代社会的接轨；区域协作的不畅，难以形成合力推动非遗的整体发展；市场认知的局限，导致非遗产品与服务的市场空间受限；知识产权保护的薄弱，使得非遗的创新成果易遭侵害。这些问题如重重阴霾，笼罩在黄河流域非遗传承创新的道路之上。

但与此同时，时代发展也为黄河流域非物质文化遗产传承创新带来了新的机遇。随着人们对文化多样性的重视程度不断提升，以及数字技术、文化旅游等新兴领域的蓬勃发展，为非遗的传承创新提供了广阔的空间与多元的路径。在此背景下，深入开展对黄河流域非物质文化遗产传承创新的研究，显得尤为迫切与必要。

在组织结构上，本书共分为五章，全面探讨了黄河流域非遗的形成背景、现状、问题、发展策略及未来趋势。

第一章通过对黄河流域地理范围、历史背景、气候特征以及经济与产业发展的详细论述，深入了解非遗孕育的土壤。随后，第二章系统地界定了非遗的概念、分类、保护主体与传承主体，以及相关保护政策，为非遗理论的体系构建奠定了坚实的基础。接下来，第三章对黄河流域非遗资源的数量、级别、类别结构及区域特点进行了深入梳理，明晰其家底与特色，为后续案例分析提供了数据支持。第四章通过对青海、四川、甘肃等九省(自治区)非遗项目的创新转化典型案例研究，展示了区域内非遗传承与创新实践的多样路径与具体成效。第五章则剖析了黄河流域非遗传承创新所存在的局限性，提出了一系列传承创新的具体策略，以期构建一个多层次、协同高效的非遗保护与传承体系，并对非遗传承创新的发展趋势进行了展望。

本书内容结构缜密，层层递进，语言简洁明了，逻辑条理分明，案例经典且具备突出的实践引领价值。期望通过本书的出版能为黄河流域非遗的可持续传承与创新提供全面的学术参考和实践指导，助力这一珍贵的文化财富在新时代焕发出新的生机与活力。

在本书的完成过程中，得到了国家自然科学基金面上项目(41671142)、山西省社会科学界联合会项目(SSKLZDKT2024112)等教学科研课题的资助。本书能够成功编辑出版，离不开中国石化出版社任翠霞老师的大力支持和辛勤的工作，在此一并表示诚挚的谢意！

受学术水平和时间的限制，在调查研究和文本编写过程中难免有错漏与不足之处，敬请专家和同仁赐教，以便今后进一步修改完善。

编者

2025 年 7 月

目录
CONTENTS

第一章
黄河流域的地理与文化背景

第一节　黄河流域的地理范围

黄河，古称大河，作为世界第六长河、中国第二长河，在华夏文明进程中占据举足轻重的地位。黄河流域涵盖了黄河水系自源头至入海口所影响的特定地理生态区域。从地理坐标来看，黄河流域介于东经96°~119°、北纬32°~42°之间，东西跨度约1900公里，南北宽度约1100公里。该流域西起巴颜喀拉山，东至渤海，南达秦岭，北抵阴山，依次穿越青藏高原、内蒙古高原、黄土高原以及黄淮海平原这四大地貌单元。[1]

黄河发源于青藏高原巴颜喀拉山北麓的约古宗列盆地，历史上黄河下游曾频繁改道迁徙，其流经区域曾涵盖现今的河北、天津、河南、山东、安徽、江苏六个省(市)。当前，黄河流经青海、四川、甘肃、宁夏、内蒙古、陕西、山西、河南、山东九个省(自治区)，并从山东省境内注入渤海。根据1995年行政区划统计，黄河流域涉及69个地区(包括州、盟、市)和329个县(旗、市)，其中完全位于黄河流域内的县(旗、市)共计236个。

黄河流域的总面积为79.5万平方公里，其中涵盖了4.2万平方公里的内流区面积。按照传统的地理划分方式，内蒙古自治区河口镇以上的区域被界定为黄河上游。此段河道长度达3472公里，流域面积总计42.8万平方公里。从河口镇延伸至桃花峪的区间属于黄河中游，该部分河道长度为1206公里，流域面积为34.4万平方公里。而河南省桃花峪以下则是黄河下游，下游河道长度为786公里，其流域面积相对较小，仅为2.3万平方公里。[2]以黄河地形地貌、水文特征和地域单元完整性为依据，黄河流域上游省区包含青海、四川、甘肃、宁夏和内蒙古，中游省份包含陕西和山西，下游省份包含河南和山东。[3]

在黄河流域所涉及的众多省级行政区中，青海省的黄河流域面积在各省区中居于首位，面积高达15.3万平方公里，占据黄河流域总面积的19.1%。与之形成对比的是山东省的黄河流域面积在所有省份里是最小的，仅为 1.3 万平方公里，占黄河流域总面积的 1.6%。[4] 从各省区与黄河流域的覆盖比例来看，宁夏回族自治区有 75.2%的区域处于黄河流域范围内。陕西、山西两省在黄河流域内的面积占比分别为 67.7%和 64.9%。[5] 青海、甘肃、宁夏、内蒙古、山西、陕西这 6 个省区的省会城市或者自治区首府均处于黄河流域之中。河南、山东两省的省会城市虽不在黄河流域的直接范围内，但因其均紧邻黄河河岸，与黄河在生态、经济、文化等多方面存在着极为紧密的联系。

第二节　黄河流域的历史背景

黄河，作为一条相对年轻的河流，其形成历经了漫长的地质变迁过程。在距今 115 万年前的晚早更新世时期，黄河流域内仅存在一些彼此孤立、互不连通的湖盆，各湖盆分别孕育了独立的内陆水系。随着时间的推移，西部高原持续抬升，河流的侵蚀作用与水系间的夺袭现象不断发生。在长达 105 万年的中更新世阶段，各湖盆之间逐渐实现连通，从而勾勒出黄河水系的初步轮廓。直至距今 10 万至 1 万年间的晚更新世时期，黄河才最终演变成一条从河源至入海口上下贯通的完整大河。这一漫长的演变过程，是地球内外力共同作用的结果，为后续黄河流域文明的兴起与发展奠定了地理基础。

黄河流域素有“中华文明摇篮”之称，是中国最早迈入农耕文明的重要区域，在人类社会的发展历程中占据着极其重要的地位。[6] 该区域凭借独特的地理位置、适宜的气候条件、肥沃的土地以及充沛的水资源，为早期农业生产提供了优越的自然基础。自新石器时代起，黄河沿岸陆续孕育出诸如仰韶文化、龙山文化、殷商文化等多种古代文明，对中国乃至世界文明的发展进程产生了深远影响。

长期以来，黄河流域一直是中国政治、经济与文化的核心区域之一。[7] 在春秋战国时期，黄河流域的河南、山西、陕西等地，作为中原文化的发祥地，涌现出众多文化与政治中心。西周的都城镐京(今陕西西安附近)就坐落于黄河流域，这一地理位置的选择，充分彰显了黄河流域在早期王朝政治、文化格局中的关键地位。随着封建制度的逐步确立与完善，黄河流域凭借其优越的地理条件与深厚的文化积淀，逐渐构建起一个多元且包容的文化体系。自秦朝实现中国大一统之后，黄河流域的文化影响力以更为强劲的态势向周边地区辐射，成为推动中华文化发展与传播的重要基石。到了汉朝时期，黄河流域的文化与政治中心地位愈发凸显，长安作为帝国都城，不仅汇聚了全国的政治、经济资源，更在文化领域实现了高度的整合与统一，形成了“文化大一统”的繁荣格局，对后世中华文化的发展产生了深远影响。

如今，随着中国经济社会的快速发展，黄河流域作为中国文化重要发源地的地位依然稳固。然而，在工业化与城市化的进程中，黄河流域的传统文化面临着传承与创新的严峻挑战。一方面，现代化的生产生活方式对传统的文化传承模式造成了冲击；另一方面，新的文化形式与观念不断涌现，使得传统文化在文化市场中的竞争压力日益增大。尽管如此，黄河流域丰富的历史文化遗产依然得到了广泛的保护与传承。在文化产业领域，以黄河文化为主题的各类文创产品不断涌现，将古老的黄河文化与现代创意相结合，焕发出新的生机与活力；在旅游业发展方面，黄河沿线的众多历史文化景点吸引了大量游客前来观光游览，成为传播黄河文化的重要窗口；在乡村振兴战略实施过程中，黄河流域的传统文化资源被充分挖掘与利用，助力乡村经济发展与文化繁荣。由此可见，黄河文化在新时代背景下正不断焕发出新的生命力，持续为中华民族的文化传承与发展贡献出重要力量。

第三节　黄河流域的气候特征

黄河流域地处中国北方，是我国自然地理格局中极具代表性的综合性区域，其气候条件呈现出高度的复杂性与多样性。

黄河流域受中纬度地带大气环流与东亚季风系统的共同作用，呈现出显著的气候地域差异。主要气候因子包括气温、降水与日照等，其组合关系决定了区域气候的基本特征。从整体气候分区来看，该流域主要分布在南温带、中温带及青藏高原气候区，属典型的温带季风气候类型。冬季受西伯利亚高压控制，盛行干冷的大陆气团，气候寒冷而干燥；而夏季则深受来自太平洋的暖湿季风影响，天气炎热、湿润，降水集中，从而形成“雨热同期”的气候特征，这对农业生产和生态系统稳定性均产生重要影响。

黄河流域的气候特征主要体现在以下五个方面：首先，光照充足，太阳辐射较强。黄河流域日照充足，太阳辐射较强，年日照时数普遍在2000~3300小时之间。[8]太阳总辐射量在北纬 37°以北和东经 103°以西地区较高。其次，季节差别大，温差悬殊。黄河流域内气温年较差和日较差均较大，显示出明显的区域性温度梯度。第三，降水集中，分布不均、年际变化大。该区域年降水量分布极不均衡，南北降水量比超过 5，且降水主要集中在 7 月至 9 月期间，年际变化也十分剧烈。第四，湿度小、蒸发大。黄河流域内湿度偏低，蒸发能力强，部分地区年蒸发量可超过 2500 毫米。[9]第五，冰雹多，沙暴、扬沙多。冰雹、沙暴和扬沙是黄河流域常见的自然灾害，其发生频率在不同地区存在显著差异。第六，无霜期短。尤其在黄河流域上游地区，全年基本有霜。

第四节　黄河流域经济与产业发展

黄河流域自古以来便是中国农业经济的重要开发区域，其耕地面积约为 1.79 亿亩，占全国总耕地面积的 12.5%。[10]该区域内，上游的宁蒙河套平原、中游的汾渭盆地以及下游的引黄灌区均为主要农业生产基地。[11]黄河下游防洪保护区面积约为 12 万平方公里，根据 1990 年的统计数据，该区域人口约 7801 万，耕地面积 10699 万亩，分别占全国总人口的 6.8%和耕地面积的 7.5%。[12]然而，流域内部分上中游地区经济发展相对滞后，加快这些区域的开发建设，对实现经济重心由东部向中西部转移具有重大战略意义。

在工业发展方面，历史上黄河流域的工业基础较为薄弱，但自新中国成立以来，区域内逐步形成了一批以能源工业为主的基础工业基地和新兴城市。能源工业涵盖煤炭、电力、石油及天然气，其中原煤产量占全国总量的一半以上，石油产量约占全国的四分之一，已成为区域内最大的工业部门。[13]此外，该流域在有色金属冶炼和稀土工业方面亦具有较大优势，为区域经济发展奠定了坚实基础。

此外，黄河流域拥有丰富的自然资源，包括耕地、林地、牧草地及宜于开垦的荒地，分别达到 1.79 亿亩、1.53 亿亩、4.19 亿亩和约 3000 万亩。黄河流域上游地区水能资源富集，中游地区煤炭储量丰裕，下游则分布着大量石油和天然气资源，因而该区域素有中国“能源流域”的美誉。据相关统计显示，黄河流域内分布着 149 处超大型矿床、974 处大型矿床以及 958 处中型矿床。在已探明的矿产中，达到或超过中型规模的矿产种类多达 76 种，涵盖能源矿产、金属矿产、矿物类非金属矿产、岩土类非金属矿产和水气矿产等类别。其中，煤炭、石油、天然气、铝土矿、钼矿、金矿、铁矿、石灰岩、白云岩和石膏等是黄河流域的优势矿产资源，这些资源以沉积型能源矿产和岩石类非金属矿产为主。[14]

在渔业方面，黄河干流拥有 121 种鱼类(包括亚种)，其中纯淡水鱼类 98 种，占总数的 78.4%。主要经济鱼类包括花斑裸鲤、极边扁咽齿鱼、厚唇裸重唇鱼、黄河裸裂尻鱼、瓦氏雅罗鱼、北方铜鱼(鸽子鱼)、鲤鱼和鲫鱼。上游鱼类种类相对单一，仅有 16 种，主要集中于鲤科和鳅科；而中下游鱼类的种类和数量则显著增加，下游区域包含 78 种鱼类，涵盖多种过河口及半咸水鱼类。据《黄河鱼类志》记载，黄河水系(包括支流)至少拥有 177 种土著鱼类，反映了流域内渔业资源的丰富性与生态多样性。然而，近年来，受生态环境变化和过度捕捞影响，部分主要经济鱼种如鲤鱼的资源量明显下降，其渔获构成亦发生了显著变化。[15]

总体来看，黄河流域在农业、工业、矿产资源及渔业等诸多领域拥有显著的自然禀赋与发展潜能。虽然区域内部在经济发展水平、产业结构与基础设施等方面仍存在一定程度的不均衡，特别是在上中游部分省区，资源开发效率和产业集聚能力相对较弱。但随着国家对区域协调发展战略的不断推进，以及基础设施建设的持续完善，该流域整体的产业支撑能力正逐步增强，为实现高质量发展提供了有力保障。由此可以预见，黄河流域将在未来中国经济布局与国家文化战略中继续扮演不可或缺的关键角色。

第二章 非物质文化遗产概述

第一节 非物质文化遗产的定义

文化遗产分为有形文化遗产和无形文化遗产。

有形文化遗产，又称物质文化遗产，涵盖了多种类型的文物与文化遗迹。其内容包括：古代遗址、墓葬、历史建筑、石窟、石刻、壁画，以及近现代具有代表性的历史遗迹和标志性建筑等不可移动文物；历代流传下来的实物、艺术品、文献资料、手稿和图书等可移动文物；此外，还包括在建筑风格、布局协调性或与自然环境融合方面具有突出和普遍价值的历史文化名城、传统街区和村落等。

无形文化遗产即“非物质文化遗产”。《中华人民共和国非物质文化遗产法》中指出：非物质文化遗产是指各族人民世代相传并视为其文化遗产组成部分的各种传统文化表现形式，以及与传统文化表现形式相关的实物和场所。联合国教科文组织《保护非物质文化遗产公约》中所称的非物质文化遗产是指：被各社区、群体，有时是个人，视为其文化遗产组成部分的各种社会实践、观念表述、表现形式、知识、技能以及相关的工具、实物、手工艺品和文化场所。

第二节 非物质文化遗产的保护主体与传承主体

非物质文化遗产的保护主体，是指负有保护责任、从事保护工作的国际组织、各国政府相关机构、团体和社会有关部门及个人。它包括国际组织、国家政府、各级各类非物质文化遗产保护机构、社区与民众。非物质文化遗产的传承主体，是指某一项非物质文化遗产的优秀传承人或传承群体，即代表某项遗产深厚的民族民间文化传统，掌握着某项非物质文化遗产的知识、技艺、技术，并且具有最高水准，具有公认的代表性、权威性与影响力的个人或群体。[16]

第三节　非物质文化遗产的分类

联合国教科文组织对非物质文化遗产的分类体系经历了数次重要修订。1989年，该组织通过了《保护民间创作建议案》，将非遗按照表现形式分为“语言、文学、音乐、舞蹈、游戏、神话、礼仪、习惯、手工艺、建筑术及其他艺术”十种类型。之后，在1998年颁布的《宣布人类口头和非物质遗产代表作条例》中，基于上述分类进一步增加了“传统形式的传播和信息”这一类别，还明确指出“口头和非物质遗产”由“文化空间”和“民间传统文化表现形式”共同构成。进入2003年，联合国教科文组织通过的《保护非物质文化遗产公约》中将非遗分为：口头传统和表现形式，包括作为非物质文化遗产媒介的语言；表演艺术；社会实践、仪式、节庆活动；有关自然界和宇宙的知识和实践；传统手工艺，共计五个类型。2005年，国务院发布《国家级非物质文化遗产代表作申报评定暂行办法》，将非物质文化遗产划分为“传统的文化表现形式”与“文化空间”两大类，并细分为包括口头传统(及其载体语言)、传统表演艺术、民俗活动(礼仪、节庆)、有关自然界和宇宙的传统知识及实践、传统手工艺技能以及与上述表现形式相关的文化空间在内的六类。同年发布的《中国民族民间文化保护工程普查工作手册》和2007年发布的《中国非物质文化遗产普查手册》则将非遗分为：民族语言，民间文学，民间美术，民间音乐，民间舞蹈，戏曲，曲艺，民间杂技，民间手工技艺，生产商贸习俗，消费习俗，人生礼俗，岁时节令，民间信仰，民间知识，游艺、传统体育与竞技在内的十六类，每个类别下都设置了二级分类。2006年，如表2-1所示，在国务院公布的第一批国家级非遗名录中将非遗分为：民间文学、民间音乐、民间舞蹈、传统戏剧、曲艺、杂技与竞技、民间美术、传统手工技艺、民俗、传统医药在内的十大类。[17]

表2-1　非物质文化遗产类别

序号	类别	内容
1	民间文学	泛指历史上产生并以活态形式原汁原味流传于民间社会的口头文学作品，如神话、传说、故事、寓言、笑话等
2	民间音乐	形成并流行于民间的歌曲和器乐曲、民间舞蹈音乐以及民间戏曲音乐，包括民歌、器乐、舞蹈音乐、戏曲音乐、曲艺音乐等

续表

序号	类别	内容
3	民间舞蹈	由广大劳动人民集体创造，直接反映劳动人民的生活与情感的表现形式，包括生活习俗舞蹈、岁时节令习俗舞蹈、人生礼仪舞蹈、宗教信仰舞蹈、生产习俗舞蹈等
4	传统戏剧	通常被定义为一种综合艺术形式，结合了唱、念、做、打、舞等多种艺术表现，包括曲牌体制的戏曲剧种、板腔体制的戏曲剧种、曲牌板腔综合体制的戏曲剧种、少数民族的戏曲剧种、民间小戏剧种等
5	曲艺	曲艺是中华民族各种“说唱艺术”的统称，它是由民间口头文学和歌唱艺术经过长期发展演变形成的一种独特的艺术形式，包括说书、唱曲等
6	杂技与竞技	以人体技巧、体能竞技或心智策略为核心，融合表演性、竞技性和文化内涵的传统技艺类项目，包括杂技、魔术、马戏、乔装戏等
7	民间美术	广大民众创造的各种视觉造型艺术，包括广泛流传于各民族、各地域的剪纸、年画、泥人、泥塑、刺绣、编织、风筝、玩具、民居建筑等
8	传统手工技艺	人类在长期的生产生活实践中创造并传承至今的、以手工劳动为主要操作方式的技艺体系，包括纺织服饰、金属加工、陶瓷烧制、食品制作、建筑营造等
9	民俗	泛指在一个国家或民族中广大民众所创造享用和传承的生活文化，包含生活民俗、岁时节日民俗、生产民俗等
10	传统医药	主要指中医中药以及一些少数民族的传统医学药学，如藏族的藏医藏药、蒙古族的蒙医蒙药、苗族的苗医苗药、瑶族的瑶医瑶药等

第四节　非物质文化遗产的特点

非物质文化遗产承载着人类社会丰富的文化记忆与精神内涵，其独特性、活态性、传承性、综合性以及地域性等核心特质相互交融，共同奠定了非物质文化遗产在当代社会中不可或缺的关键地位。

一、独特性

非物质文化遗产通常以艺术或文化表达形态呈现，充分彰显特定民族、国家或地域民众独一无二的创造力。其独特性可具象化为物质成果，亦能体现于具体行为模式、礼仪规范、风俗习惯之中，背后所间接映射出的思想情感、意识观念以及价值取向，均具有显著的独特性、唯一性与不可复制性，成为特定群体文化标识的关键构成。

二、活态性

非物质文化遗产具有鲜明的动态演变特征，这使其天然归属于“活态”文化的范畴。在口头传说与表述及其所依托的语言体系、精彩纷呈的表演艺术、约定俗成的社会风俗、庄重肃穆的礼仪节庆，以及独具匠心的传统工艺技能等各类非物质文化遗产表现形式中，“活态性”表现得淋漓尽致。与以静态实物为主要存在形式的物质文化遗产截然不同，非物质文化遗产的文化内涵主要依赖于人类的具体活动得以展现。其传承与发展始终与鲜活的人类实践活动紧密相连，随着时代的变迁、社会的发展以及民众生活方式的改变而不断演变、创新。这种活态性不仅赋予了非物质文化遗产强大的生命力，也使其能够持续适应社会发展的需求，在不同的历史时期焕发出新的活力。

三、传承性

传承性是非物质文化遗产的重要属性之一，它意味着非物质文化遗产具备被人类以集体、群体或者个体的形式，在代际之间进行持续享用、传承以及创新发展的特性。从历史的长河来看，传承性宛如一条无形却坚韧的纽带，将过去、现在与未来有机地串联起来。通过代际之间的口传心授、行为示范以及文化实践，非物质文化遗产得以在时间的洪流中绵延不绝，确保了特定文化传统的延续性与稳定性。这种传承并非简单地复制与传递，而是在传承过程中不断融入新的时代元素、社会需求以及个体创造力，从而实现文化传统的与时俱进与创新发展。传承性不仅是文化记忆的延续，更是文化创新的源泉，为人类社会的文化多样性提供了源源不断的动力支持。

四、综合性

从构成要素的角度进行深入审视，非物质文化遗产呈现出多种表现形式相互融合、相互交织的显著特征。它并非单一文化元素的孤立存在，而是音乐、舞蹈、文学、技艺、信仰等多种文化要素的有机综合体。这种综合性使得非物质文化遗产成为一个复杂而多元的文化集合体，能够全方位、多层次地满足人类社会在不同层面的需求，在人类社会的文化建设、精神文明发展中扮演着不可替代的角色。

五、地域性

非物质文化遗产深深植根于特定的地域环境之中，与当地的自然生态环境以及人文社会环境紧密相依、相互影响。地域所特有的自然生态条件，如气候、地形、物产等，为非物质文化遗产的形成与发展提供了物质基础与自然背景。同时，该地域深厚的文化传统、独特的宗教信仰体系、长期形成的生产生活方式以及丰富多彩的日常风俗习惯等诸多人文因素，从不同维度共同塑造了非物质文化遗产的独特风貌。这些地域因素不仅决定了非物质文化遗产的外在表现形式与内在文化内涵，还深刻影响着其传承路径与发展方向。

第五节　非物质文化遗产的保护政策

一、我国非物质文化遗产保护领域的立法实践

我国高度重视非物质文化遗产保护工作，陆续颁布了一系列法规文件，旨在构建完善的保护制度与传承体系，推动非物质文化遗产保护工作步入法治化、规范化轨道。相关法规文件的名称、颁布年份、发文机关及其核心内容如表 2-2 所示。

表 2-2　国内法规文件

序号	文件名称	年份	发文机关	内容
1	传统工艺美术保护条例	1997	国务院办公厅	《条例》对“传统工艺美术”的定义是：“百年以上，历史悠久，技艺精湛，世代相传，有完整的工艺流程，采用天然原材料制作，具有鲜明的民族风格和地方特色，在国内外享有盛誉的手工艺品种和技艺。”
2	全国人大常委会关于批准《保护非物质文化遗产公约》的决定	2004	中央人民政府	批准于 2003 年 11 月 3 日在第 32 届联合国教科文组织大会上通过的《保护非物质文化遗产公约》；同时声明，在中华人民共和国政府另行通知前，《保护非物质文化遗产公约》暂不适用于中华人民共和国香港特别行政区
3	国务院关于加强我国非物质文化遗产保护工作的意见(国办发〔2005〕18 号)	2005	国务院办公厅	确定了非物质文化遗产保护工作的目标、指导方针和原则。《意见》的核心内容是建立名录体系，逐步形成有中国特色的非物质文化遗产保护制度

续表

序号	文件名称	年份	发文机关	内容
4	国务院关于加强文化遗产保护的通知(国发〔2005〕42号)	2005	国务院办公厅	确定了从2006年起，每年六月的第二个星期六为我国的“文化遗产日”。指出为加强文化遗产保护，应做到充分认识保护文化遗产的重要性和紧迫性，加强文化遗产保护的指导思想、基本方针和总体目标，着力解决物质文化遗产保护面临的突出问题，积极推进非物质文化遗产保护，明确责任，切实加强对文化遗产保护工作的领导。与此同时，国务院有关部门也要切实研究解决自然遗产保护中存在的问题，加强自然遗产保护工作
5	国家级非物质文化遗产保护与管理暂行办法	2006	文化部	进一步细化了《意见》的有关内容，对国家级非物质文化遗产名录项目的保护单位、代表性传承人以及管理措施等，提出了具体要求；明确规定了国务院文化行政部门、省级政府文化行政部门和县级政府文化行政部门的各自职责，保护单位的条件和职责，代表性传承人的条件等内容
6	国务院关于公布第一批国家级非物质文化遗产名录的通知(国发〔2006〕18号)	2006	国务院办公厅	国务院批准文化部确定的第一批国家级非物质文化遗产名录(共计518项)。各地区、各部门要认真贯彻“保护为主、抢救第一、合理利用、传承发展”的工作方针，切实做好非物质文化遗产的保护、管理和合理利用工作
7	国务院关于公布第二批国家级非物质文化遗产名录和第一批国家级非物质文化遗产扩展项目名录的通知(国发〔2008〕19号)	2008	国务院办公厅	国务院批准文化部确定的第二批国家级非物质文化遗产名录(共计510项)和第一批国家级非物质文化遗产扩展项目名录(共计147项)。各地区、各部门要进一步贯彻“保护为主、抢救第一、合理利用、传承发展”的工作方针，认真做好非物质文化遗产的保护、管理工作，为弘扬中华文化，推动社会主义文化大发展大繁荣做出新的贡献
8	国家级非物质文化遗产项目代表性传承人认定与管理暂行办法	2008	文化部	作为与国务院办公厅《意见》相配套、与文化部《办法》之一相衔接的部门规章，进一步细化了上述两个文件中有关传承人的内容，对认定国家级非物质文化遗产项目代表性传承人的规则、传承人的条件、传承人申请和审批的程序、传承人的义务、撤销传承人资格的办法等内容，作了明确规定

续表

序号	文件名称	年份	发文机关	内容
9	中华人民共和国非物质文化遗产法(中华人民共和国主席令第四十二号)	2011	中华人民共和国主席	《非遗法》包括总则、非物质文化遗产的调查、非物质文化遗产代表性项目名录、非物质文化遗产的传承与传播、法律责任以及附则共6章，总计45条
10	国务院关于公布第三批国家级非物质文化遗产名录的通知(国发〔2011〕14号)	2011	国务院办公厅	国务院批准文化部确定的第三批国家级非物质文化遗产名录(共计191项)和国家级非物质文化遗产名录扩展项目名录(共计164项)。各地区、各部门要认真贯彻落实“保护为主、抢救第一、合理利用、传承发展”的工作方针，坚持科学的保护理念，扎实做好非物质文化遗产名录项目的保护、传承和管理工作，努力推动非物质文化遗产保护迈上新的台阶，为构建完备的、有中国特色的非物质文化遗产保护制度，推动文化大发展大繁荣，建设中华民族共有精神家园，满足人民群众日益增长的精神文化需求，作出积极的贡献
11	国务院关于公布第四批国家级非物质文化遗产代表性项目名录的通知(国发〔2014〕59号)	2014	国务院办公厅	国务院批准文化部确定的第四批国家级非物质文化遗产代表性项目名录(共计153项)和国家级非物质文化遗产代表性项目名录扩展项目名录(共计153项)。按照《中华人民共和国非物质文化遗产法》的表述，将“国家级非物质文化遗产名录”名称调整为“国家级非物质文化遗产代表性项目名录”。各地区、各部门要认真贯彻“保护为主、抢救第一、合理利用、传承发展”的工作方针，坚持科学保护理念，制定规划，扎实做好非物质文化遗产代表性项目的传承、传播工作，推动非物质文化遗产保护迈上新台阶，为弘扬中华优秀传统文化作出新的贡献
12	国务院关于同意设立“文化和自然遗产日”的批复(国函〔2016〕162号)	2016	国务院办公厅	同意自2017年起，将每年6月第二个星期六的“文化遗产日”，调整设立为“文化和自然遗产日”
13	关于实施中华优秀传统文化传承发展工程的意见	2017	中共中央办公厅、国务院办公厅	就实施中华优秀传统文化传承发展工程提出十八项意见。包括重要意义和总体要求、主要内容、重点任务、组织实施和保障措施四个方面

续表

序号	文件名称	年份	发文机关	内容
14	中国传统工艺振兴计划	2017	文化部、工业和信息化部、财政部	要遵循“尊重优秀传统文化、坚守工匠精神、激发创造活力、促进就业增收、坚持绿色发展”原则，使传统工艺在当代生活中得到新的广泛应用。到2020年，传统工艺的传承和再创造能力、行业管理水平和市场竞争力、从业者收入以及对城乡就业的促进作用得到明显提升。明确以国家级非物质文化遗产代表性项目名录为基础，对具备一定传承基础和生产规模、有发展前景、有助于带动就业的传统工艺项目，建立国家传统工艺振兴目录。扩大非物质文化遗产传承人队伍，并通过多种方式为收徒授艺等传统工艺传习活动提供支持。将传统工艺作为中国非物质文化遗产传承人群研修研习培训计划实施重点，依托相关高校、企业、机构，帮助传承人群提高传承能力，增强传承后劲。加强传统工艺相关学科专业建设和理论、技术研究。提高传统工艺产品的设计、制作水平和整体品质。拓宽传统工艺产品的推介、展示、销售渠道。加强行业组织建设和文化生态环境的整体性保护。促进社会普及教育，开展国际交流与合作
15	国务院关于公布第五批国家级非物质文化遗产代表性项目名录的通知(国发〔2021〕8号)	2021	国务院办公厅	国务院批准文化和旅游部确定的第五批国家级非物质文化遗产代表性项目名录(共计185项)和国家级非物质文化遗产代表性项目名录扩展项目名录(共计140项)。各地区、各部门要以习近平新时代中国特色社会主义思想为指导，坚持以社会主义核心价值观为引领，贯彻“保护为主、抢救第一、合理利用、传承发展”的工作方针，扎实做好非物质文化遗产代表性项目的保护、传承工作，切实提升非物质文化遗产系统性保护水平，为实现中华民族伟大复兴的中国梦提供强大精神力量
16	关于进一步加强非物质文化遗产保护工作的意见	2021	中共中央办公厅、国务院办公厅	提出二十项意见，包含总体要求、健全非物质文化遗产保护传承体系、提高非物质文化遗产保护传承水平、加大非物质文化遗产传播普及力度、保障措施五个方面

续表

序号	文件名称	年份	发文机关	内容
17	关于同意调整完善非物质文化遗产保护工作部际联席会议制度的函(国办函〔2022〕13号)	2022	国务院办公厅	国务院同意调整完善非物质文化遗产保护工作部际联席会议制度职责和成员单位。联席会议不刻制印章，不正式行文，需按照有关文件精神认真组织开展工作

二、联合国教科文组织在非物质文化遗产保护领域的立法实践

联合国教科文组织在非物质文化遗产保护领域开展了诸多具有深远影响的立法实践，为全球非物质文化遗产保护工作提供了重要框架与指导。相关法规文件的名称、颁布年份、发文机关及其核心内容如表2-3所示。

表2-3 联合国教科文组织法规文件

序号	文件名称	年份	内容
1	保护世界文化遗产和自然遗产公约 Convention Concerning the Protection of the World Cultural and Natural Heritage	1972	文化遗产和自然遗产的定义、文化和自然遗产的国家保护和国际保护措施等条款。是后来保护非物质文化遗产的立法工作的基础。首次在国际社会以国际法形式规定文化遗产的保护，极大地推动了世界各国对文化遗产的保护意识
2	保护民间创作建议案 Recommendation on the Safeguarding of Traditional Culture and Folklore	1989	从“民间创作”的定义、鉴别、保存、保护、传播、维护和国际合作七个方面做出规定。尽管《建议案》仍使用“Folklore”(民间创作或民俗等)这个概念，但其内涵与“非物质文化遗产”概念已经基本一致
3	教科文组织宣布“人类口头和非物质遗产代表作”条例 Regulations Relating to the Proclamation by UNESCO of Masterpieces of the Oral and Intangible Heritage of Humanity	1998	《条例》直接沿用《建议案》对“民间创作”的界定作为“人类口头和非物质遗产”概念的定义，这标志着“非物质文化遗产”的内涵在联合国法律文件中的逐步明确和定型，也说明了联合国各相关文件之间的衔接关系

续表

序号	文件名称	年份	内容
4	保护非物质文化遗产公约 Convention for the Safeguarding of the Intangible Cultural Heritage	2003	中国于2004年加入《公约》。《公约》第四章“在国际一级保护非物质文化遗产”明确由缔约国成员选举的“政府间保护非物质文化遗产委员会”(以下简称“委员会”)提名、编辑更新人类非物质文化遗产代表作名录，急需保护的非物质文化遗产名录，保护非物质文化遗产的计划、项目和活动(优秀实践名册)。《公约》在第八章“过渡条款”中明确：委员会应把在公约生效前宣布为“人类口头和非物质遗产代表作”的遗产纳入人类非物质文化遗产代表作名录

第三章 黄河流域非物质文化遗产的资源概况

第一节 黄河流域非物质文化遗产代表性项目数量

黄河流域入选人类非遗代表作名录的数量如图 3-1 所示，四川和山东两省均有 8 项非遗项目入选，是黄河流域非遗项目入选数量最多的地区。青海省共有 6 项非遗项目入选，位居第二。陕西和河南两省均有 4 项非遗项目入选。甘肃省、内蒙古自治区和宁夏回族自治区数量较少，分别仅有 3 项、2 项和 1 项入选。山西省没有项目入选。

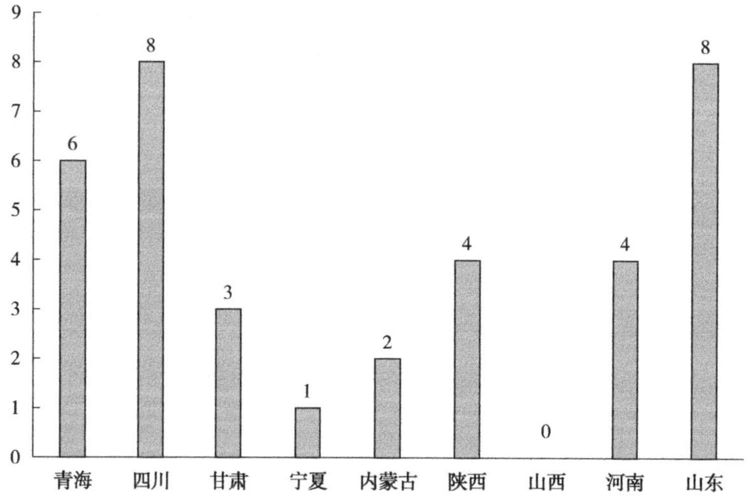

图 3-1 黄河流域入选人类非遗代表作名录数量统计

黄河流域入选国家级非遗代表性项目的数量如图 3-2 所示，山东省以 186 个项目入选，高居首位。山西省排名第二，有 182 个项目入选，略低于山东省。四川省以 153 个项目入选，位列第三。随后依次为河南省的 125 个项目、内蒙古自治区的 106 个项目、陕西省的 91 个项目、青海省的 88 个项目、甘肃省的 83 个项目。宁夏回族自治区的入选项目相对较少，仅有 28 个。

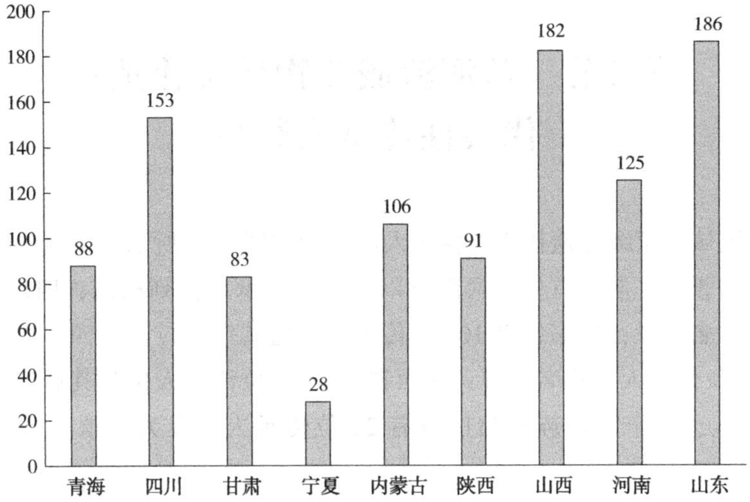

图 3-2　黄河流域入选国家级非遗代表性项目数量统计

黄河流域入选省级非遗代表性项目的数量如图 3-3 所示，四川省以 1132 个项目高居首位，数量遥遥领先于其他省区。山东省以 1073 个项目紧随其后，位居第二。山西省以 911 个项目排名第三，陕西省以 766 个项目位列第四。河南省以 728 个项目稍低于陕西，排名第五。内蒙古自治区入选项目数量为 719 个，甘肃省有 493 个项目。青海省以 335 个项目排名倒数第二，而宁夏回族自治区仅有 289 个项目入选，成为黄河流域省级非遗项目数量最少的地区。

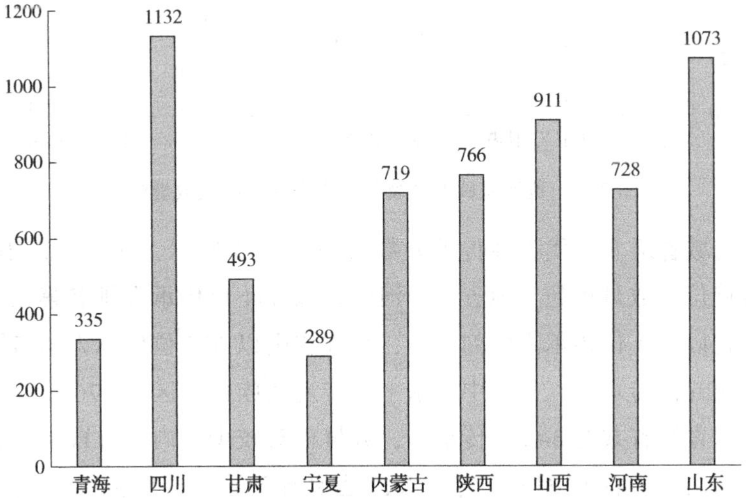

图 3-3　黄河流域入选省级非遗代表性项目数量统计

第二节　黄河流域非物质文化遗产代表性传承人数量

黄河流域国家级非遗代表性传承人的数量如图 3-4 所示，山西省以 149 位传承人遥遥领先，居于首位；河南省以 126 位传承人位列第二；四川省以 105 位传承人排名第三；山东省以 102 位传承人紧随其后，位居第四。内蒙古自治区拥有 82 位传承人，排名第五；陕西省则以 78 位传承人位列其后。甘肃省有 68 位传承人，而宁夏回族自治区仅有 22 位传承人，成为传承人数量最少的地区。

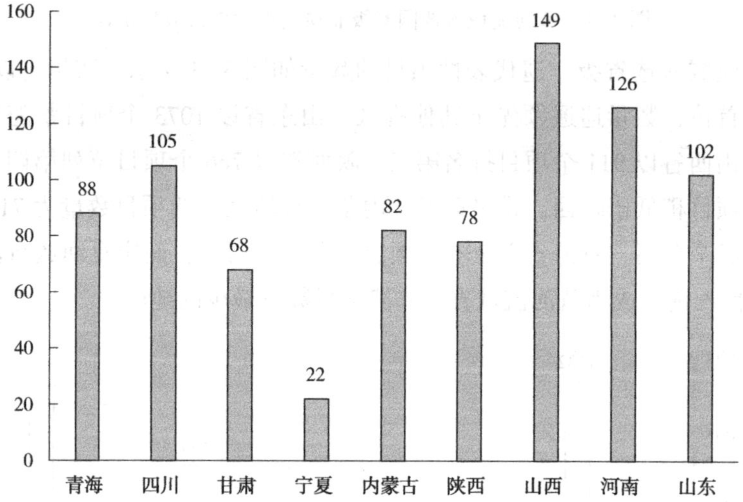

图 3-4　黄河流域国家级非遗代表性传承人数量统计

黄河流域省级非遗代表性传承人数量如图 3-5 所示，四川省以 1062 位传承人稳居首位，数量远超其他省区。河南省以 834 位传承人排名第二，紧随其后。陕西省以 681 位传承人位列第三，甘肃省则以 617 位传承人排名第四。山东省拥有 426 位传承人，位居中等水平。宁夏回族自治区以 376 位传承人略低于山东省。青海省共有 342 位传承人，数量相对较少。内蒙古自治区有 336 位传承人，而山西省仅有 318 位传承人，是黄河流域省区中传承人数量最少的地区。

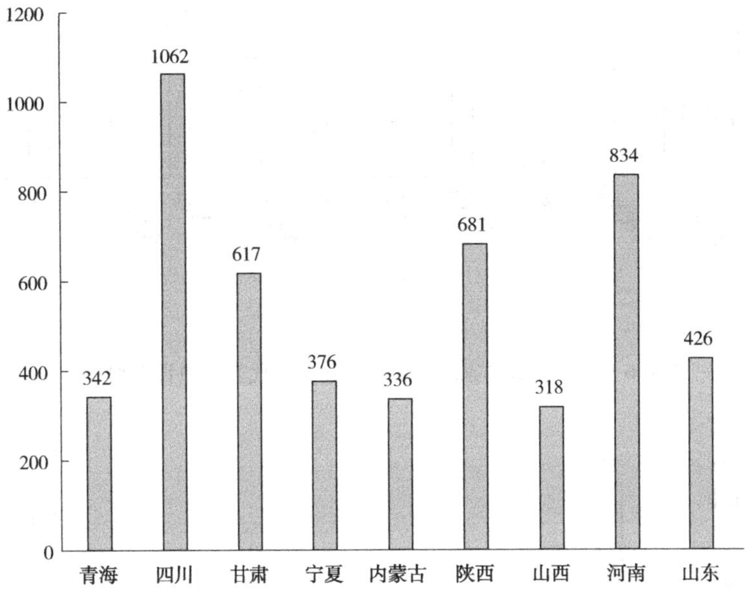

图 3-5　黄河流域省级非遗代表性传承人数量统计

第三节　黄河流域非物质文化遗产的类别结构

一、黄河流域国家级非物质文化遗产的类别结构分析

根据国务院及国家文化和旅游行政主管部门的公开信息，截至 2021 年 6 月 30 日(台湾省暂无数据)，国家级非物质文化遗产代表性项目的类别总量如图 3-6 所示。其中，传统技艺类别的数量最多，高达 163 项。传统戏剧、传统音乐、民俗的数量也颇为可观，分别为 149 项、140 项、129 项。相较之下，传统舞蹈、民间文学、曲艺、传统体育、游艺与杂技、传统医药数量相对较少，分别为 89 项、86 项、61 项、50 项、44 项。

如图 3-7 所示，在青海省入选国家级非物质文化遗产的项目类别中，民俗类资源最为丰富，共计 17 项。传统音乐、传统技艺以及传统美术的数量也较为可观，分别为 15 项、11 项和 11 项。接下来数量依次为民间文学 9 项、传统舞蹈 9 项、传统医药 6 项。相比之下，曲艺仅有 4 项，传统戏剧和传统体育、游艺与杂技均为 3 项，这些类别的入选数量相对较少。

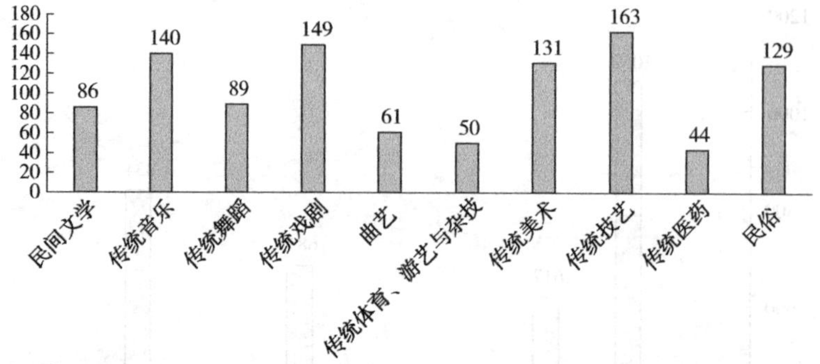

图 3-6　黄河流域国家级非物质文化遗产代表性项目类别总量

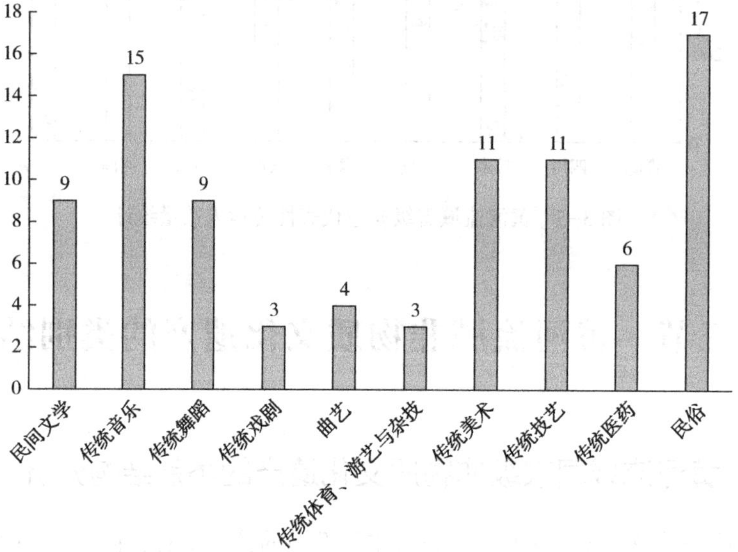

图 3-7　青海省入选国家级非物质文化遗产项目类别结构分析

如图 3-8 所示，在四川省入选国家级非物质文化遗产的各类项目中，传统技艺以 38 项的数量独占鳌头。紧随其后的是传统美术，有 25 项。接下来数量依次为传统音乐 23 项、传统舞蹈 20 项、民俗 16 项、传统戏剧 11 项、民间文学 7 项、曲艺 6 项。而传统体育、游艺与杂技仅有 4 项，传统医药更是只有 3 项，这两类的入选数量在所有类别中最少。

如图 3-9 所示，在甘肃省入选国家级非物质文化遗产的各类项目中，传统音乐、传统技艺和民俗的数量均为 12 项，并列最多。传统舞蹈与传统戏剧的数量也较为可观，均为 11 项。传统美术有 8 项，曲艺和民间文学均为 7 项，数量相对较少。传统体育、游艺与杂技仅有 1 项，传统医药有 2 项，这两类数量最少。

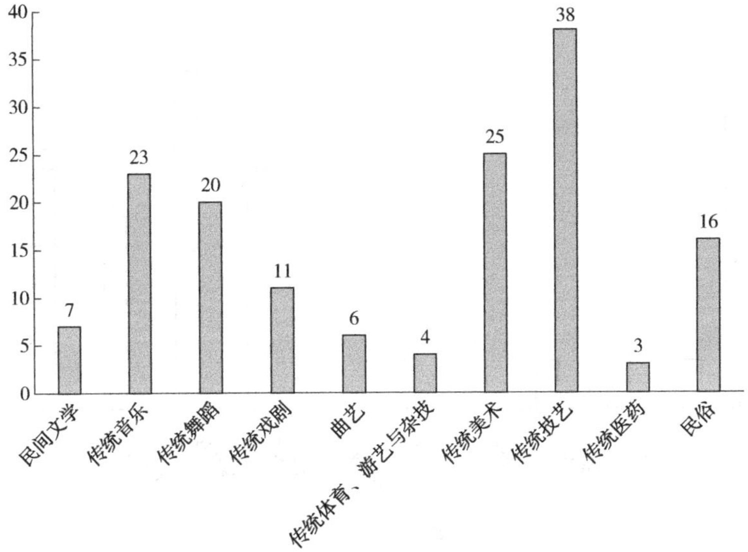

图 3-8　四川省入选国家级非物质文化遗产项目类别结构分析

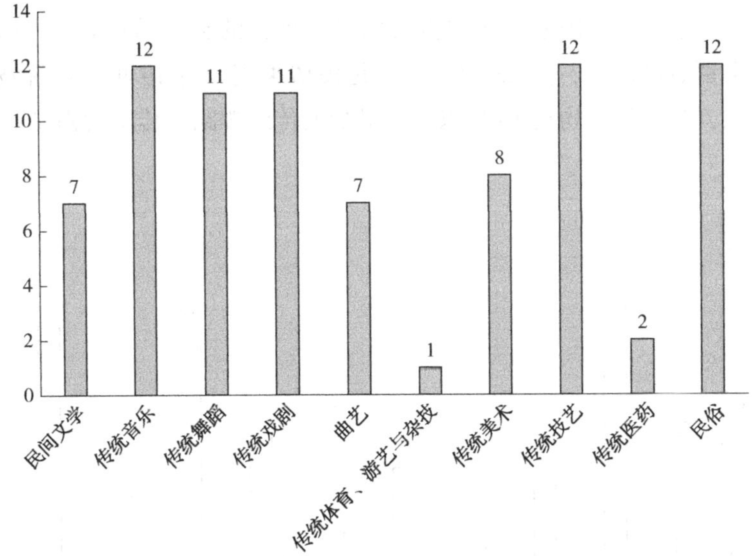

图 3-9　甘肃省入选国家级非物质文化遗产项目类别结构分析

如图 3-10 所示，宁夏回族自治区入选国家级非物质文化遗产项目较少，传统技艺 7 项，传统美术与民俗均为 5 项，传统医药 4 项，传统音乐 3 项，民间文学、传统舞蹈、传统戏剧、曲艺均为 1 项，传统体育、游艺与杂技类别无入选项目。

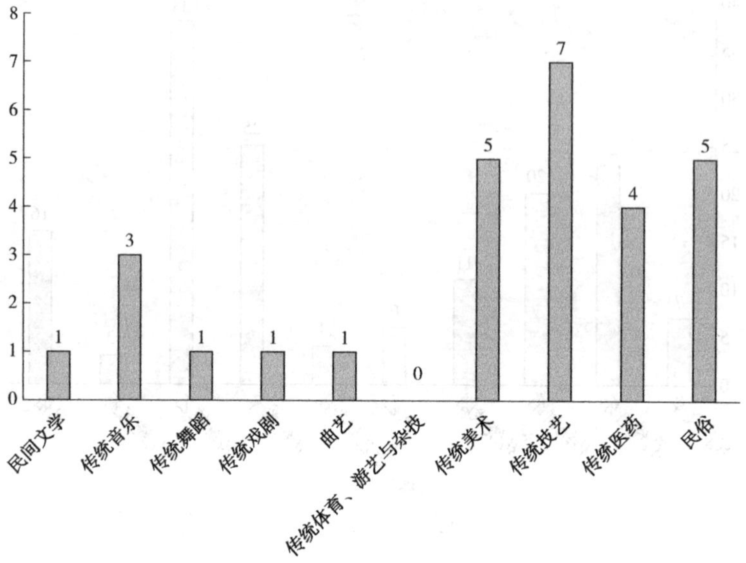

图 3-10　宁夏回族自治区入选国家级非物质文化遗产项目类别结构分析

内蒙古自治区入选国家级非物质文化遗产项目的类别结构如图 3-11 所示，传统音乐类别数量最多，达 23 项，其次是民俗类别，有 19 项，传统技艺以 15 项位列第三，其他类别均在 10 项以下，最少的传统舞蹈和传统戏剧仅有 5 项。

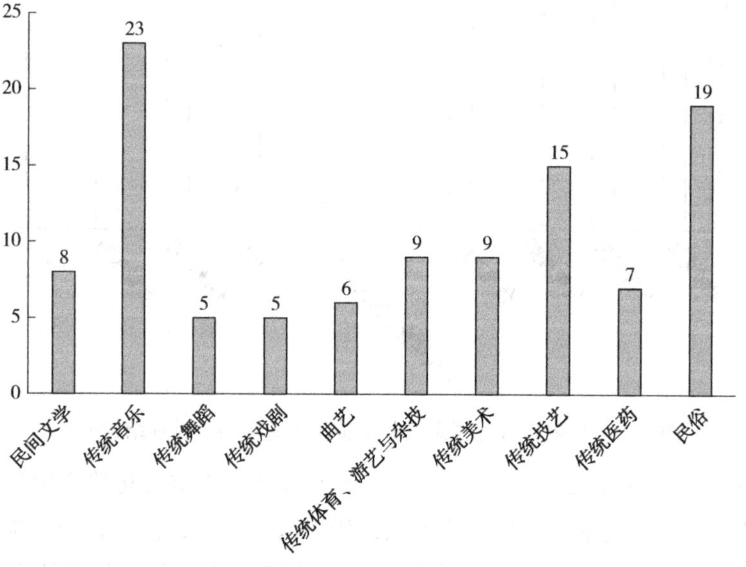

图 3-11　内蒙古自治区入选国家级非物质文化遗产项目类别结构分析

陕西省入选国家级非物质文化遗产项目的类别结构如图 3-12 所示，传统戏剧数量最多，达 18 项，传统音乐有 15 项，传统美术和传统技艺均为 12 项，民间文学、传统舞蹈、曲艺、民俗数量在 6~9 项之间，处于中等水平。传统体育、游艺与杂技以及传统医药这两类数量最少，仅有 2 项。

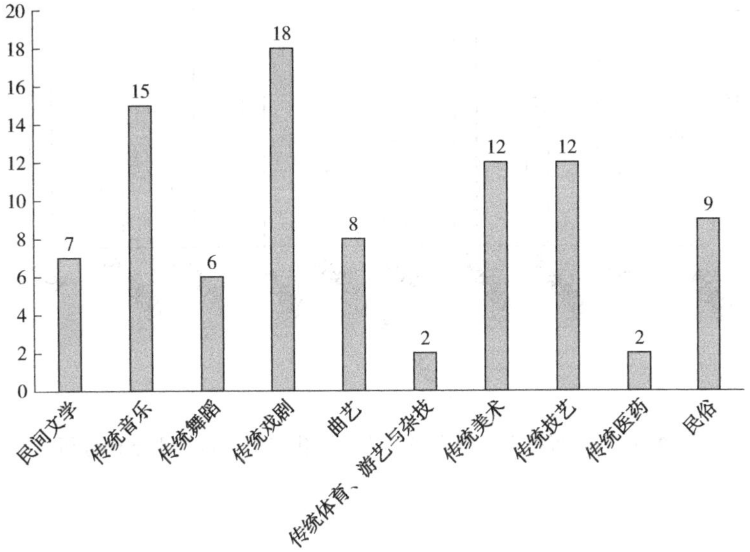

图 3-12 陕西省入选国家级非物质文化遗产项目类别结构分析

山西省入选国家级非物质文化遗产项目的类别结构如图 3 13 所示，传统戏剧数量最多，达 38 项，传统技艺数量为 35 项，也位居前列，民俗有 23 项，传统美术有 19 项，传统音乐有 18 项，传统舞蹈有 14 项居于中位。曲艺、民间文学、传统医药的数量相对较少，分别为 11 项、10 项、8 项。传统体育、游艺与杂技的数量最少，为 6 项。

河南省入选国家级非物质文化遗产项目的类别结构如图 3-14 所示，传统戏剧数量最多，达 29 项，传统美术、传统技艺、民俗数量均为 14 项，传统音乐为 13 项。其他类别在 5~10 项之间。曲艺仅有 5 项，数量较少。

山东省入选国家级非物质文化遗产项目的类别结构如图 3-15 所示，传统戏剧数量最多，为 33 项，在所有类别中占据显著优势，传统美术有 28 项，民间文学有 27 项，数量也较多，传统技艺有 19 项，传统音乐有 18 项，传统体育、游艺与杂技有 15 项，民俗有 14 项，传统舞蹈和曲艺均为 13 项，传统医药仅有 6 项。

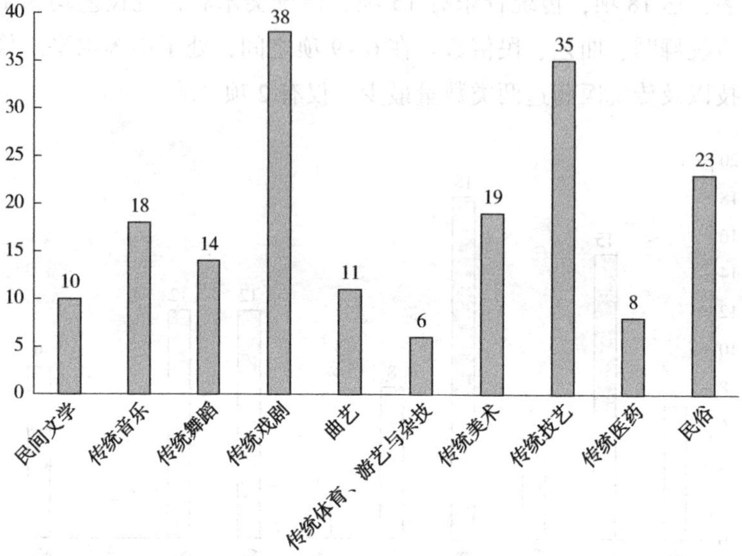

图 3-13　山西省入选国家级非物质文化遗产项目类别结构分析

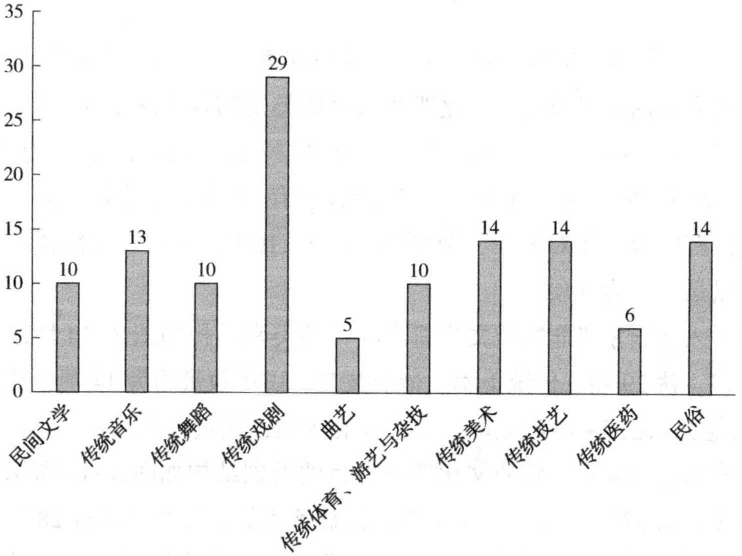

图 3-14　河南省入选国家级非物质文化遗产项目类别结构分析

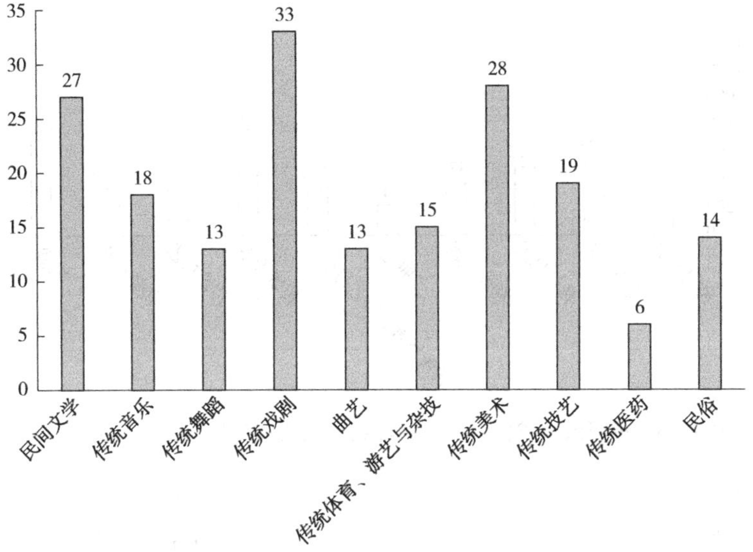

图 3-15 山东省入选国家级非物质文化遗产项目类别结构分析

二、黄河流域省（自治区）级非物质文化遗产项目类别结构分析

黄河流域省(自治区)级非物质文化遗产项目类别结构如图 3-16 所示，传统技艺数量最多，达 1705 项，在所有类别中遥遥领先。传统美术的数量为 765 项，处于较高水平，位列第二。民俗类为 685 项，位列第三。传统音乐为 525 项，传统舞蹈为 492 项，民间文学为 466 项，这些类别的数量处于中等区间。传统戏剧为 373 项，传统体育、游艺与杂技和传统医药的数量均为 339 项，曲艺仅有 218 项，数量相对较少。

截至 2023 年，青海省共公布六批省级非物质文化遗产名录。如图 3-17 所示，青海省级非物质文化遗产类别结构中传统技艺数量最多，达 86 项。民俗和民间文学数量也较多，民俗有 62 项，民间文学有 39 项。传统音乐 32 项、传统舞蹈 31 项、传统美术 23 项，数量处于中等水平。而传统戏剧 12 项，曲艺 8 项，传统体育、游艺与杂技 17 项，传统医药 17 项，数量相对较少。

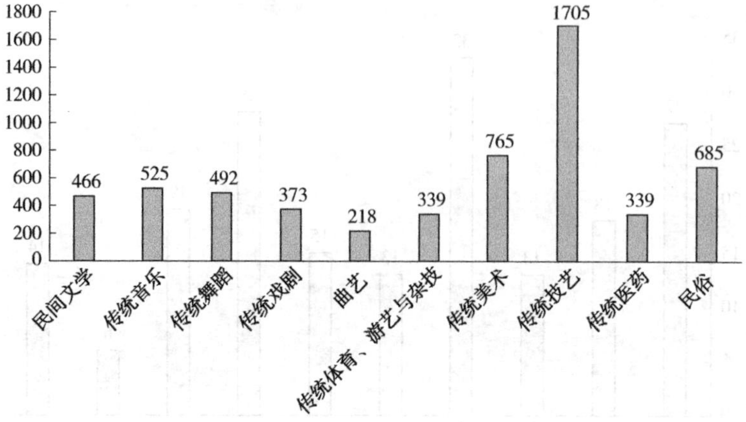

图 3-16　黄河流域省（自治区）级非物质文化遗产代表性项目类别总量

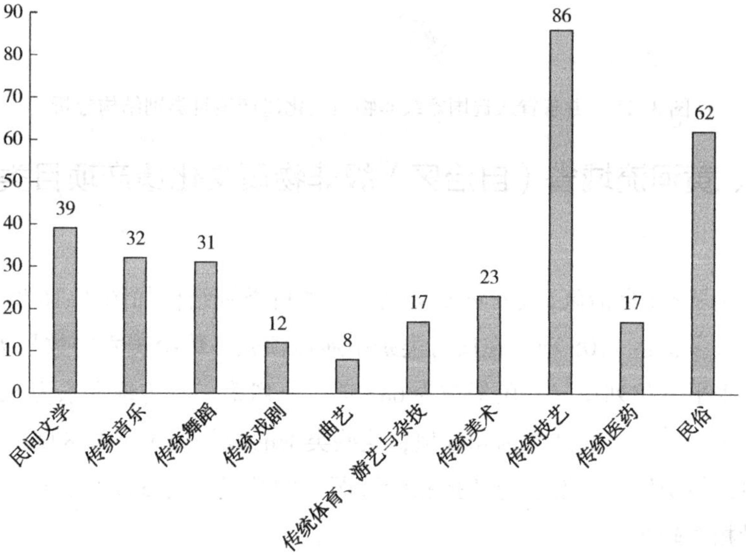

图 3-17　青海省省级非物质文化遗产项目类别结构分析

截至 2023 年，四川省共公布六批省级非物质文化遗产名录。如图 3-18 所示，传统技艺高达 355 项，是入选数量最多的类别，独占鳌头。传统音乐、民俗、传统舞蹈、传统美术数量也较多，分别为 167 项、147 项、123 项、117 项。传统医药、传统戏剧、民间文学、曲艺的入选数量相对较少，分别为 58 项、51 项、43 项、37 项，传统体育、游艺与杂技的入选数量最少，为 34 项。

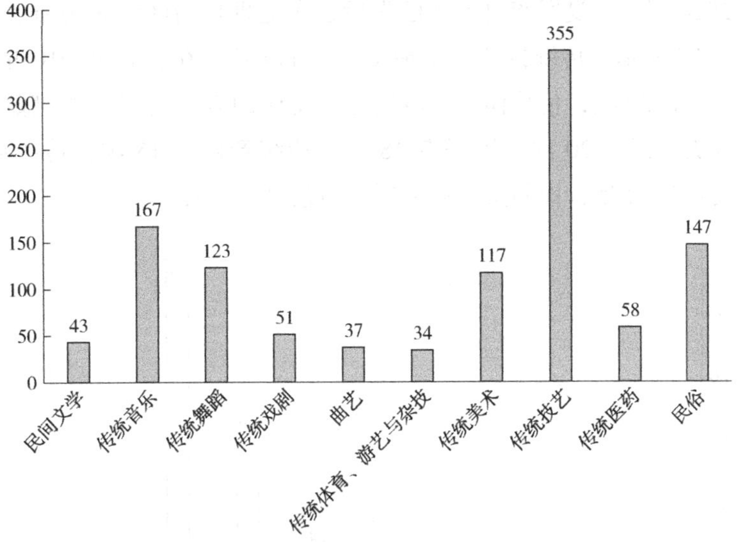

图 3-18 四川省省级非物质文化遗产项目类别结构分析

截至 2017 年，甘肃省已先后公布四批省级非物质文化遗产名录。如图 3-19 所示，在众多类别中，传统戏剧的数量居首，共计 33 项。传统美术有 28 项，民间文学有 27 项，数量亦较为可观。其余类别的数量依次为：传统技艺 19 项，传统音乐 18 项，传统体育、游艺与杂技 15 项，民俗 14 项，传统舞蹈 13 项，曲艺 13 项，而传统医药仅有 6 项。

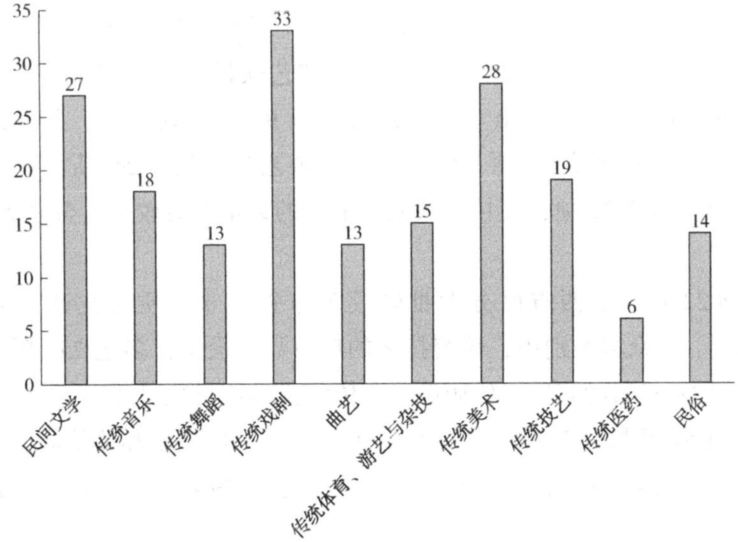

图 3-19 甘肃省省级非物质文化遗产项目类别结构分析

截至2024年，宁夏回族自治区已先后公布七批自治区级非物质文化遗产名录。如图3-20所示，传统技艺数量最多，达114项，在所有类别中占据绝对优势，传统美术有59项，传统体育、游艺与杂技有24项，这两个类别数量处于中等水平，传统医药有20项，民俗有18项，传统音乐有15项，传统舞蹈有14项，传统戏剧有12项，民间文学有9项，曲艺仅有4项。

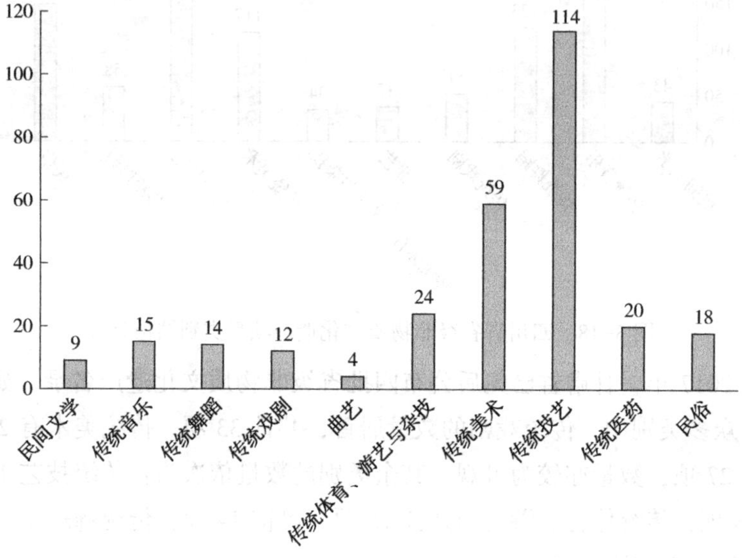

图3-20　宁夏回族自治区区级非物质文化遗产项目类别结构分析

截至2022年，内蒙古自治区已陆续公布七批自治区级非物质文化遗产名录。如图3-21所示，在众多类别中，传统技艺项目数量最多，达166项。民俗项目数量紧追不舍，为150项。传统美术以91项位列第三。此外，传统音乐有79项，传统医药有65项，传统体育、游艺与杂技有59项，民间文学有45项，传统舞蹈有31项，而传统戏剧和曲艺的数量相对较少，分别为18项和15项。

截至2022年，陕西省已分七批陆续公布省级非物质文化遗产名录。如图3-22所示，在众多类别中，传统技艺的项目数量最多，多达255项。民俗项目以109项的数量紧随其后，位居第二。传统美术项目数量为96项，亦颇为可观。此外，传统舞蹈有76项，传统音乐有53项，民间文学和传统戏剧的项目数量分别为46项与45项，传统医药有35项，曲艺有29项，传统体育、游艺与杂技则有21项。

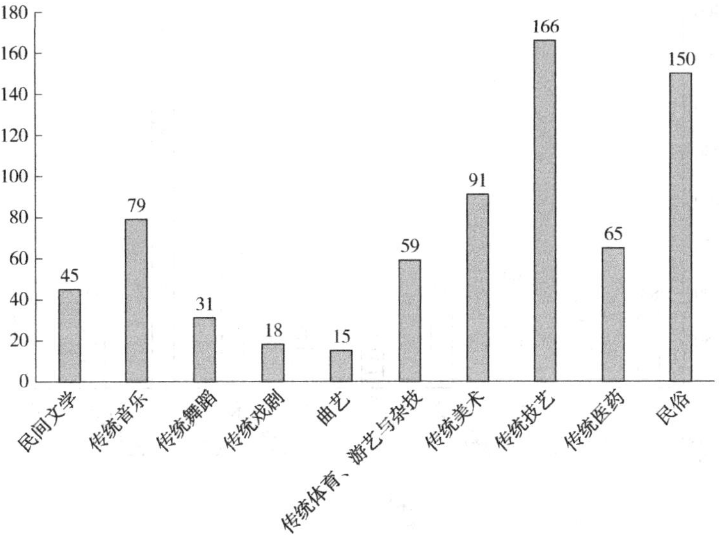

图 3-21　内蒙古自治区区级非物质文化遗产项目类别结构分析

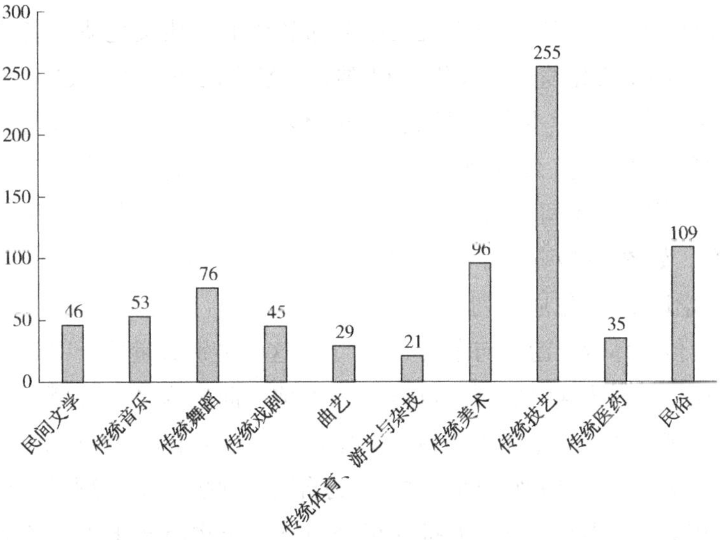

图 3-22　陕西省省级非物质文化遗产项目类别结构分析

截至 2023 年，山西省已分六批陆续公布省级非物质文化遗产名录。如图 3-23 所示，传统技艺的项目数量独占鳌头，多达 357 项，远超其他类别。传统美术为 182 项，数量也颇为可观。民俗项目则以 119 项位列第三。此外，传统舞蹈有 99 项，传统戏剧 89 项，传统医药 86 项，民间文学 83 项，传统音乐 71 项，传统体育、游艺与杂技 42 项，曲艺 41 项。

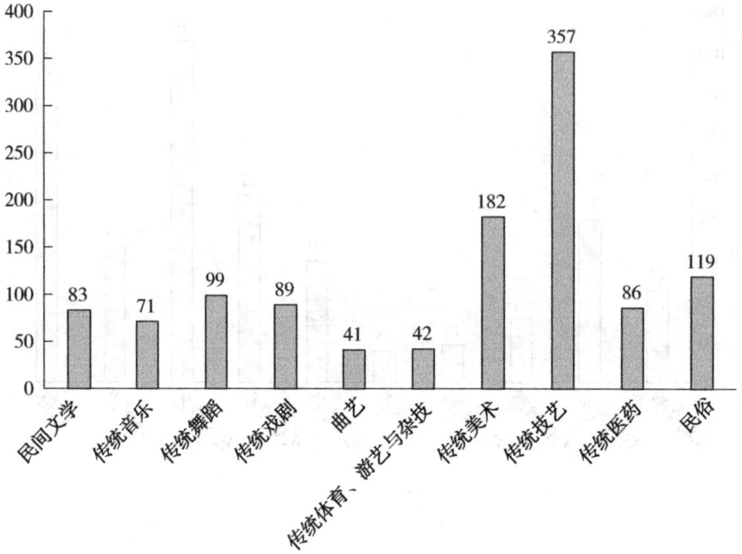

图 3-23　山西省省级非物质文化遗产项目类别结构分析

截至 2021 年，河南省已分五批陆续公布省级非物质文化遗产名录。第一批河南省省级非物质文化遗产名录共计 14 类，分别为民间文学、民间(传统)美术、民间(传统)音乐、民间(传统)舞蹈、民间(传统)戏剧、曲艺、游艺、传统体育与竞技、民间手工技艺(传统技艺)、民间杂技、生产商贸习俗、消费习俗、岁时节令、民间信仰、民间知识。河南省从第二批起将省级非物质文化遗产名录划分为十大类。如图 3-24 所示，传统技艺项目数量最多，达 165 项，远超其他类别。民间文学以 91 项位居前列。传统舞蹈为 80 项，传统美术为 77 项，传统戏剧为 61 项，传统体育、游艺与杂技为 56 项，这些类别数量处于中等水平。传统音乐为 48 项，民俗为 43 项，传统医药为 34 项，曲艺为 29 项，数量相对较少。民间杂技、生产商贸习俗、消费习俗、岁时节令、民间信仰、民间知识这些类别项目数量极少，均在 1 至 10 项之间，这是因为自第二批起不再有这些类别所导致的。

截至 2021 年，山东省已分五批陆续公布省级非物质文化遗产名录。第一批山东省省级非物质文化遗产名录共包含 14 类，即民间文学、民间(传统)美术、民间(传统)音乐、民间(传统)舞蹈、民间(传统)戏剧、曲艺、游艺、传统体育与竞技、民间手工技艺(传统技艺)、民间杂技、消费习俗、岁时节令、民间信仰、传统中医药以及文化空间。自第二批起，山东省省级非物质文化遗产名录被划分为 10 大类。如图 3-25 所示，传统技艺项目数量最多，达 188 项，在所有类别中占据绝对优势。传统美术有 92 项，数量颇为可观。民间文学数量为 83 项，位居前列。传统体育、游艺与杂技共 71 项，传统戏剧有 52 项，曲艺和传统音乐数量均为 42 项。传统舞蹈、民俗、传统医药数量相对较少，分别为 25 项、23 项及 18 项。文化空间、消费习俗、民间杂技、民间信仰与岁时节令的数量极少，分别为 10 项、4 项、3 项、2 项和 1 项，这是由于自第二批起不再设置这些类别所致。

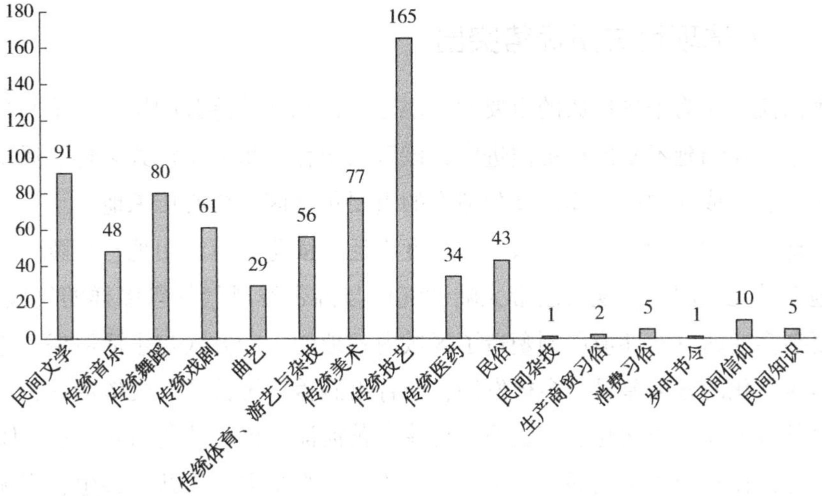

图 3-24　河南省省级非物质文化遗产项目类别结构分析

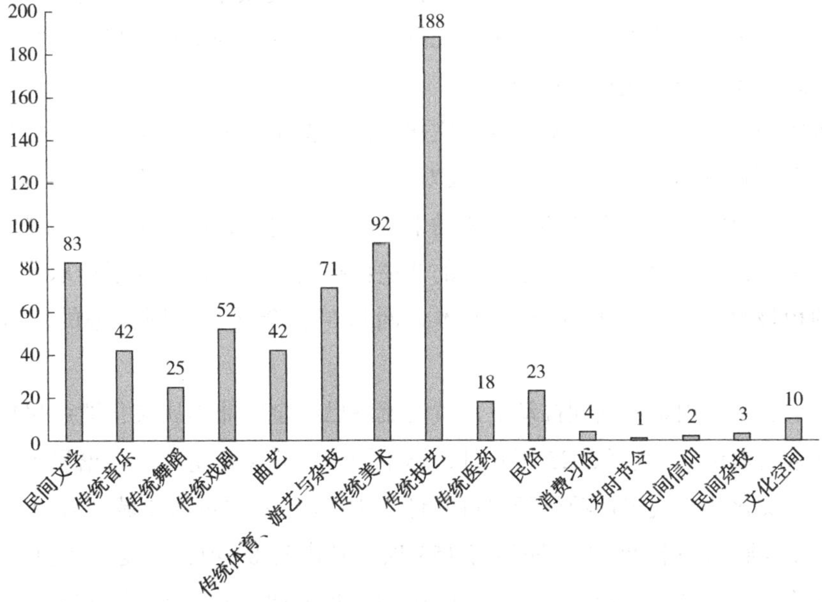

图 3-25　山东省省级非物质文化遗产项目类别结构分析

第四节 黄河流域非物质文化遗产的区域特点

一、入选项目总量优势突出

黄河流域作为中华民族的重要发祥地之一，承载着悠久的历史传统与璀璨的文明成果。在绵延不断的历史演进中，该区域孕育并积淀了形式多样、风格独特的文化形态，成为中国非物质文化遗产的重要集聚区和核心传承地。

从地理维度来看，黄河流域地域跨度广泛，横跨高原、山地、丘陵与平原等多种地形单元，同时呈现出温带大陆性气候与温带季风气候等多样的气候类型。这种复杂多变的自然环境深刻塑造了区域内各地的生产方式与生活习俗，进而促成了地域文化的显著差异与多样发展，孕育出涵盖传统技艺、民俗活动、民间文学等多领域的非物质文化遗产资源，构建了黄河流域极具特色的人文景观体系。

此外，在长期历史发展过程中，黄河流域始终是多民族共居共生、交流融合的活跃区域。不同民族在持续的互动中相互影响、协同演化，有效推动了多元文化元素的交流互鉴。这一文化交融不仅拓展了黄河流域非物质文化遗产的内容广度，也深化了其文化内涵，形成了多元统一、兼收并蓄的文化格局，彰显出强烈的民族融合特质与文化包容精神。

近年来，随着国家层面对非物质文化遗产保护工作的不断强化，黄河流域各省(区)积极响应政策导向，持续加大对非遗资源的挖掘、整理、申报与保护力度。在政策保障与资金支持的双重驱动下，地方政府相继出台了一系列科学系统的保护措施，建立起多层次、系统化的非遗保护机制，广泛调动了传承人及社会各界的积极性，初步形成了多元主体共同参与、全社会协同推进的良好保护格局。

在上述多重因素的共同推动下，黄河流域已在全国非物质文化遗产保护体系中占据重要地位。[6]截至 2025 年 6 月，据中国非物质文化遗产网数据显示，国家级非物质文化遗产代表性项目子项目共计 3610 项，其中黄河流域九省(区)项目共计 1042 项(青海省 88 项，四川省 153 项，甘肃省 83 项，宁夏回族自治区 28 项，内蒙古自治区 106 项，陕西省 91 项，山西省 182 项，河南省 125 项，山东省 186 项)，占比为 28.86%。这一系列统计数据充分表明，黄河流域不仅是我国非遗资源最为丰富的区域之一，更在国家非遗保护体系中发挥着不可替代的核心作用。

二、十大类别入选数量不均衡

黄河流域的非物质文化遗产项目在十大类别中的分布呈现出显著的不均衡性。具体而言，传统技艺类项目数量独占鳌头，高达 163 项；与之形成鲜明对比的是，传统医药类项目数量相对较少，仅有 44 项。在省级（自治区）非遗项目层面，这种不均衡现象表现得更为突出——传统技艺类项目数量尤为显著，达到 1705 项，而曲艺类项目却仅有 218 项。深入探究这一现象背后的成因，可归纳为以下几个关键因素。

首先，需求导向差异是造成非遗项目类别分布不均的重要因素。传统技艺与人们的日常生产生活息息相关，是满足衣食住行等基本生活需求的直接产物，具有很强的实用性和广泛的应用场景。在长期的历史发展进程中，因其满足了民众的切实需求，故而得以广泛传承和推广，这使得该类项目数量众多。反观传统医药，其专业性较强，传承过程保密性较高，疗效验证难度较大，这在很大程度上限制了其传承范围；曲艺表演则受众相对小众，对表演场地、文化氛围等条件要求苛刻，传播和发展受到诸多限制，这些因素共同制约了传统医药类和曲艺类非遗项目的数量增长。

第二，传承传播特性的不同也对非遗项目的分布格局产生了深远影响。传统技艺具有直观、易操作的特点，通过实践演示便可实现传承，而且其产品具备商品属性，能够借助市场交易进行传播，传承与发展的渠道较为畅通。相比之下，传统医药的传承依赖于专业知识与实践经验的积累，传承过程复杂，加之现代医学的发展对其形成了一定的冲击；曲艺则依靠艺人的口传心授和现场表演，对艺人的天赋和表演能力要求颇高，在现代多元娱乐方式的冲击下，其市场份额被不断压缩，传承人与受众数量均呈现减少趋势，这导致传统医药类和曲艺类项目传承难度增大，数量增长缓慢。

第三，地域文化的影响不可忽视。黄河流域各地域文化和历史背景存在显著差异。在以农业生产为主的地区，传统技艺与当地的生产生活紧密结合，因而得以良好传承和发展；传统医药虽然在部分文化底蕴深厚的地区受到一定程度的保护，但由于受到地域和文化传统的限制，其传播范围相对较窄；曲艺的发展与当地的文化氛围、民俗传统密切相关，这使得其在不同地区的分布呈现出不均衡的状态。

第四，保护发展力度的差别同样是影响非遗项目类别分布的重要因素。目前，各地对非物质文化遗产保护的重视程度虽在逐步提升，但在资源投入和保护力度方面存在明显差异。传统技艺因其较高的经济价值和文化价值，获得了政府和企业在资金、人才培养、市场推广等方面的大力支持，发展态势良好。然而，传统医药和曲艺在发展过程中面临着资金短缺、人才匮乏、市场需求不足等困境，保护和发展力度相对较弱，这致使这两类项目的数量增长受到限制。

三、各省（自治区）间差异显著

从国家级项目层面来看，在民间文学领域，山东省表现极为亮眼，拥有27项，遥遥领先，宁夏回族自治区仅有1项，其余省份数量多在7~10项之间。传统音乐领域，四川省和内蒙古自治区优势显著，均为23项，宁夏回族自治区仅有3项，其余省份数量介于12~18项之间。传统舞蹈类别中，四川省以20项领先，山西省和山东省分别有14项和13项紧随其后，宁夏回族自治区仅1项。传统戏剧方面，黄河中下游的陕西省、山西省、河南省和山东省数量可观，远超其他省份，其中山西省高达38项，宁夏回族自治区仅1项，青海省仅3项。曲艺方面，整体数量较少且分布较为平均，无省份在数量上占据明显优势。传统体育、游艺与杂技领域，山东省和河南省数量领先，分别为15项和10项，其他省份数量相对较少，宁夏回族自治区为0项。传统美术方面，山东省、四川省和山西省数量较多，分别为28项、25项和19项。传统技艺方面，四川省和山西省的数量远超其他省份，分别为38项和35项。传统医药方面，各省数量普遍较少，均在2~8项之间。民俗领域中，山西省表现突出，有23项，宁夏回族自治区与陕西省数量相对较少。

从省级(自治区)项目层面，民间文学领域，黄河中下游的河南、山西、山东数量较多，分别有91项、83项、83项，宁夏数量最少，仅有9项，其余各省数量较为平均，在27~46项之间。传统音乐领域，省际数量差异较大，四川、内蒙古、山西等数量较多，宁夏、甘肃等较少。传统舞蹈领域，省际差异同样明显，四川高达123项，山西以99项次之，甘肃与宁夏分别仅有13项与14项。传统戏剧领域，山西数量相对较多，青海、宁夏、内蒙古较少，戏剧文化分布不均衡。曲艺领域，各省数量普遍较少且较为平均，无明显优势省份。传统体育、游艺与杂技领域，山东有71项、内蒙古有59项、河南有56项，数量领先，甘肃仅15项，差距较大。传统美术领域，山西、四川数量较多，分别为182项、

117项，陕西、山东、内蒙古数量也较多，分别有96项、92项、91项，青海和甘肃数量较少，分别仅有23项和28项。传统技艺是各省非遗项目数量最多的类别之一，除青海及甘肃外，其余各省数量均超100项。传统医药领域，山西省最多，有86项，内蒙古与四川也较多，分别为65项和58项。民俗领域，内蒙古民俗文化最为出众，多达150项，四川紧随其后有147项，山西与陕西数量也较多，分别有119项和109项。

黄河流域各省(自治区)在非物质文化遗产的数量与分布上呈现出以上差异性，是由历史文化、地理环境、经济水平、社会环境以及政策支持等诸多因素相互交织、协同作用的结果。

首先，历史文化积淀在非物质文化遗产形成与传承中发挥了至关重要的作用。在漫长的历史演进过程中，黄河中下游地区的山东、山西、河南等省份始终占据着古代中国政治、经济与文化的核心地位。历经岁月沉淀，这些地区不仅积累了深厚的文化底蕴，而且形成了连续且丰富的文化传承脉络。例如，山东作为儒家文化的发源地，其历史传说和民间故事经过代代相传，极大地丰富了该地区民间文学类非遗项目的内涵；而山西则凭借其源远流长的戏曲传统，晋剧、蒲剧等剧种的传承与发展在中国传统戏剧领域中占据独特地位。与之形成鲜明对比的是，宁夏回族自治区由于历史发展历程相对较短，文化传承链条不够完善，文化资源积累有限，从而在非遗项目数量上明显落后于上述省份。

其次，地理环境和生产生活方式的差异对黄河流域内非遗项目的形成与发展具有深刻影响。不同地区由于地形、气候及自然资源条件的多样性，进而形成了各具特色的生产生活模式。例如，四川地区复杂多样的地貌和丰富的自然资源为传统技艺的发展提供了充足的原材料和不竭的创作灵感，从而使得蜀锦、蜀绣等非遗技艺得以蓬勃发展；而在青海、甘肃部分区域，较为严酷的自然环境和艰苦的生活条件则在一定程度上限制了非遗项目的孕育。此外，各省份在生产生活方式上的差异亦直接影响了非遗项目的类型和数量：山东沿海地区渔业的繁荣催生了与渔业相关的传统体育、游艺及杂技项目，而内陆农业区则更多孕育出与农耕活动密切相关的非遗形式；宁夏由于以畜牧业和农业为主，其单一的生产生活模式也限制了非遗项目的多样化发展。

第三，经济发展水平对非遗保护与传承具有显著的制约效应。经济较为发达的地区，如山东和河南，凭借雄厚的经济实力能够提供充足的资金、先进的技术和专业的人才支持，从而有效推动了非遗项目的挖掘、整理与申报。相反，经济相对落后的地区则因资金短缺而面临非遗保护方面的诸多困难，不仅难以实施有效的保护措施，部分非遗项目甚至存在失传风险，同时，资金匮乏也阻碍了这些地区在非遗申报工作上的积极推进，导致许多具有重要文化价值的项目未能及时获得认定。

最后，各省份在非遗保护政策支持力度上的差异亦对非遗项目的发展产生了深远影响。部分省份积极出台优惠政策，加大资金投入，并专门设立专项资金用于非遗保护工作。例如，山西在传统戏剧保护方面，通过政策引导和资金扶持，成功培养了一批专业人才，从而显著促进了传统戏剧的传承与发展。与此相比，一些政策支持力度不足的地区则因缺乏足够的政策保障和资金投入而导致非遗保护工作进展缓慢，许多非遗项目未能获得应有的重视和保护。此外，各省在非遗申报工作中的重视程度和执行力也存在差异，具备专业团队和完善机制的地区更能充分挖掘和整理本地非遗资源，从而提高申报成功率；而对申报工作缺乏足够重视的地区则常常错失对具有代表性文化资源的申报与保护机会。

四、传承人数量相对较多

根据中国非物质文化遗产网的数据，截至 2022 年 11 月，国家级非物质文化遗产代表性传承人总数为 3057 人，其中黄河流域的国家级非遗代表性传承人数量达到 820 位，占全国总传承人数的 26.82%。具体而言，山西、河南、四川、山东的国家级非遗代表性传承人数量分别为 149 位、126 位、105 位和 102 位，占全国总人数的 4.87%、4.12%、3.34%和 3.43%。这一特征的形成，主要由以下几个方面的因素共同促成。

首先，广泛而坚实的群众基础为黄河流域非物质文化遗产的传承提供了有力支撑。该区域人口密集，长期以来，各民族和地区人民在日常生产生活实践中形成了对本地非遗文化深厚的认同感和归属感。当地居民不仅积极参与非遗项目的传承和发展，而且在保护工作中扮演着不可或缺的角色。例如，陕西的社火和山东的秧歌等传统民俗活动，由于受到广泛喜爱和高度参与，彰显了非遗文化在民间的广泛影响力。自幼浸润于浓厚的非遗文化氛围中，许多民众逐渐培养出对非遗的浓厚兴趣，甚至立志成为非遗传承人，从而为区域非遗传承队伍的壮大源源不断地输送后备力量。

其次，源远流长的家族与师徒传承传统在非遗项目的延续中发挥了关键作用。许多黄河流域的非遗技艺依托于家族传承和师徒传承模式得以延续。在家族传承中，长辈将技艺和文化精髓代代相授，确保了传承过程的连贯性和稳定性；而师徒传承则突破了血缘界限，使更多具有天赋和兴趣的个体得以系统学习非遗技艺。例如，在传统手工艺领域，陶瓷制作和剪纸等技艺均采用家族与师徒相结合的传承方式，由此培养出一代又一代的非遗传承人，保证了技艺的薪火相传。正是在这一传承模式的支撑下，黄河流域非遗传承人队伍得以不断壮大和持续更新。

最后，教育与研究机构在非遗保护与传承中起到了积极推动作用。黄河流域内的高等院校和科研机构普遍设立了专门的非遗相关专业和研究项目，培养出大量具备扎实理论基础和实践能力的专业人才。这些专业人才不仅熟练掌握现代非遗传承与保护的方法与技术，还深入民间，与传统艺人建立了紧密合作关系，积极参与非遗的传承与创新。同时，他们的学术研究成果和实践经验不断提升了社会各界对非遗传承重要性的认识，吸引了更多有志之士投身于非遗事业，从而为区域非遗保护与传承注入了持续发展的动力。

五、多民族文化融合互鉴

黄河流域是多民族交汇的地区，汉族、蒙古族、回族、藏族等多种民族在此共同生活，形成了独特的文化交融现象。在这片土地上，不同民族的艺术、语言、风俗与信仰相互碰撞、影响，逐渐融为一体，构成了丰富多元的非物质文化遗产景观。

豫剧于2006年被列入国家级非物质文化遗产代表性项目名录，是汉族文化的典型代表之一，也被称为河南梆子、河南高调或河南讴。它的历史悠久，源于清代乾隆年间，并在当地获得了显著影响力。豫剧的形成吸收了昆腔、吹腔、皮簧等多种艺术因素，并融入河南民间音乐和曲艺元素，形成了朴实、细腻且富有乡土气息的独特风格。其传统剧目繁多，经典如《斩子》《牧羊卷》《刘全进瓜》等，至今在舞台上常演不衰。豫剧不仅在剧目、演出形式、人物塑造等方面具备鲜明的河南地方特色，也体现了深厚的中原文化底蕴，成为中国民族戏曲的重要瑰宝。

蒙古族搏克，自2006年被列为国家级非物质文化遗产后，成为蒙古族传统体育项目的重要代表。搏克源远流长，已有近两千年的历史，盛行于西汉初期，元代进一步普及，清代达到巅峰。搏克比赛古朴庄重，选手穿戴特制的服饰，展现了独特的文化与艺术风貌。比赛形式简单明了，注重选手力量与技巧的结合，能有效提高身体素质，并培养坚韧不拔的意志力。如今，搏克已成为蒙古族农牧民劳作后休闲娱乐的重要方式，也常作为“那达慕”节庆的一部分，体现了蒙古族的体育精神和文化特色。

宁夏回族自治区的“花儿”，自2006年列入国家级非物质文化遗产代表性项目，并于2009年列入人类非物质文化遗产代表作名录。花儿广泛流传于甘、青、宁及新疆四省区，是回、汉、土、东乡、保安等八个民族的传统山歌。花儿歌曲常在日常生活与“花儿会”歌会中演唱，具有丰富的民俗文化内涵和广泛的群众基础。它的音乐风格独特，兼具粗犷豪放与优美细腻的特点，继承了古陇山民歌的形式，并融入了信天游、爬山调等元素，形成了丰富的艺术特色。花儿歌曲通过口头传唱，将宁夏回族的生活和信仰传递下去，是宁夏地区文化的重要表现。

藏族唐卡，尤其是墨竹工卡县的直孔刺绣唐卡，于2008年被列入国家级非物质文化遗产代表性项目。该技艺起源于1880年，并经由五代家族传承逐步完善，形成了独具特色的制作工艺。唐卡以精细的工艺著称，采用上等丝料，辅以高超的刺绣技艺，作品常呈现出立体感、质感及动感，充分体现了强烈的艺术张力。其题材涵盖佛教故事、历史人物及宇宙图等多元内容，反映了西藏社会、宗教与民俗的深厚文化积淀。整个制作过程极为复杂，不仅要求设计者精心构思，更需制作者精准掌握“算针”技巧，因而对技艺水平要求极高。直孔刺绣唐卡已成为了解藏族文化和信仰的重要载体，具有极高的艺术和文化价值。

六、宗教文化影响深刻

黄河流域的非物质文化遗产丰富多样，深受宗教文化的影响，展现出独特的文化魅力和深厚的历史底蕴。

以少林功夫为例，该项目于2006年被列入国家级非物质文化遗产代表性项目。少林功夫源自河南登封嵩山少林寺，在佛教文化背景下历经长时间的积淀，逐步形成了独特的武术体系。该武术体系融合了佛教禅宗智慧，其拳术、器械与对练套路表现出深厚的文化内涵。自北魏太和十九年(公元495年)少林寺创建以来，少林功夫在这一佛教圣地得以传承和发展。最初少林功夫仅作为寺庙安全保护的手段，随着时间的推移已逐渐演变为一套技术成熟、内容丰富的文化表现形式。目前，其拳术、器械套路传承了255种，涵盖72项绝技以及擒拿、气功等独特技法，其精髓在于“禅武合一”，深植于佛教智慧和力量之中，成为中国武术文化的重要组成部分。

此外，2008 年，崂山道教音乐、泰山道教音乐、胶东全真道教音乐和腊山道教音乐一同被列为国家级非物质文化遗产代表性项目。道教音乐起源于古代巫觋的祭祀歌舞，并在道教斋醮科仪活动中发挥重要作用。它由器乐与声乐两部分组成，器乐部分以钟、磬、鼓等为主，声乐则包括高功法师的独唱和道士们的齐唱。泰山道教音乐，源自北魏时期，至今已有 1500 多年历史。其独特的音调与演奏形式融合了民间音乐、宫廷祭祀音乐等多种元素，并成为封禅仪式中不可或缺的重要内容，体现了中国人对泰山的崇敬与信仰。

2011 年，回族传统婚俗被列入国家级非物质文化遗产代表性项目。宁夏回族的婚俗不仅融入了穆斯林宗教传统，同时结合了当地民俗文化，成为回族人民人生仪式的重要体现，并承载了多民族文化交融的特征。回族婚礼通常包括提亲、看家道、相亲、念尼卡哈及摆宴席等环节，其中“摆宴席”被视为婚礼的高潮。在宴席上，回族人演唱的“宴席曲”包含喜歌、祝福新人和感谢亲友的歌词，其优美曲调和丰富内容不仅营造了喜庆氛围，也承载了文化和道德教化的功能。回族婚俗中的宴席曲因此不仅构成了该文化的重要组成部分，也成为回族艺术形式得以保存和延续的重要载体。

第四章 黄河流域非物质文化遗产传承创新案例分析

第一节 青海省土族盘绣传承创新研究

一、概述

土族盘绣艺术主要流传于青海省互助土族自治县的东沟、东山、五十、松多、丹麻等乡镇。互助土族自治县位于青海省东北部，地处祁连山东南麓，是黄土高原与青藏高原的交界地带，拥有独特的自然环境和文化底蕴。互助土族自治县总人口约40万，是土族的发源地，土族约占总人口的17%，是全国唯一的土族自治县。[18]1949年后，尤其是近二十年来，各级政府和相关机构虽对土族盘绣进行了挖掘、保护和传承工作，但这一古老技艺仍面临诸多挑战。老一辈盘绣艺人大多年迈，许多绝技因未能及时传承而逐渐失传。与此同时，年轻妇女更倾向于较简单的刺绣技法，如剁绣、机扎等，导致盘绣后继乏人，濒临消失，亟须各方力量共同保护和传承。该项目于2006年被正式列入第一批国家级非物质文化遗产名录，项目序号为323，编号为Ⅶ-24，归属于传统美术类别。其申报地区为青海省互助土族自治县，保护单位为互助土族自治县文化馆。2018年，盘绣又被列入第一批传统工艺振兴目录，进一步推动了这一传统工艺的保护与传承。2019年11月，互助土族自治县文化馆被正式认定为“土族盘绣”项目的国家级非物质文化遗产代表性项目保护单位。2023年10月31日，该文化馆在评估中被认定为合格保护单位。2024年3月20日，文化和旅游部公布《2023—2025年国家级非物质文化遗产生产性保护示范基地名单》，互助金盘绣土族文化传播有限公司凭借土族盘绣项目入选。

二、历史渊源

早在4世纪左右，青海省都兰县吐谷浑先祖墓葬中就曾出土过类似盘绣的绣品，表明盘绣工艺在这一时期已经开始形成。[19]

盘绣是青海土族独特的传统刺绣工艺。土族少女自幼跟随母亲或长辈学习刺绣，在待嫁的两年间需独立完成各类绣品作为嫁妆。出嫁前，她们会展示精心绣制的衣服、饰品、鞋袜等，以展现巧手技艺，并将部分绣品赠予婆家亲友。婚后，她们又如同母辈般，将刺绣技艺传授给女儿，使这一传统代代相传。土族盘绣被誉为指尖上的“彩虹”。

近年来，互助土族自治县以“土族盘绣”品牌建设为核心，积极推动土族文化传承示范基地的构建，并充分依托当地丰富的文化旅游资源，对民间盘绣技艺进行系统性挖掘。这一系列举措不仅有助于非物质文化遗产的保护、传承与创新，还推动了盘绣技艺的产业化发展，形成了以“指尖技艺”为起点、逐步演变为“指尖经济”的全新发展模式。该技艺在提高民族文化自信的同时，也大幅增强了盘绣产业的市场竞争力，推动了民族团结与社会进步，并为土族群众增收致富提供了有力支持。

三、传统纹样

（一）太阳花

太阳花（在土语中称为“扩日洛”）是土族盘绣中最具代表性的纹样，其构图通常由位于中心的阴阳双鱼图案和环绕其外的七彩花瓣构成。该图案不仅象征着互助土族自治县佑宁寺与七个部落之间的密切联系与共生共济的理念，而且在土族民众心中被视为最为神圣的祈福符号。此外，土族民间关于太阳花还流传着“英雄射日”的神话，该神话寓意家庭的兴旺和幸福的长久延续。太阳花纹样通常分为六瓣、七瓣和八瓣等不同形式，其整体结构由内向外层层展开，并且各层花瓣颜色各异，呈现出明显的层次感。图4-1为土族盘绣太阳花纹样。

（二）太极图

土族盘绣的太极图案的形式以双鱼为基础，常见的变化包括三鱼和四鱼，象征着宇宙的和谐与阴阳的交替。此图案反映了土族深厚的哲学思想及宗教信仰。图4-2为土族盘绣太极图纹样。

图 4-1　太阳花纹样

图 4-2　太极图纹样

(三) 神仙魁子

神仙魁子(土语称为“华勒维”或“盘长”)呈现出回环的形态，常见的有菱形回环和圆形回环，象征着吉祥与长寿。神仙魁子多用于饰品装饰，如烟袋、大包和腰带上，图案通常采用正反连接，形成二方或四方连续，具有独特的装饰性与寓意。图 4-3 为土族盘绣神仙魁子纹样。

图 4-3　神仙魁子纹样

(四) 富贵不断头

“富贵不断头”(土语称为“雅让”)以十字形结构为基础，构建出四方连续变化的图案，寓意着富贵长寿、福祉绵延不绝。该纹样常呈带状或圆环状，其内部通常嵌入其他图案，如太阳花或吉祥八宝，象征着持续不断的好运与繁荣。图 4-4 为土族盘绣富贵不断头纹样。

图 4-4　富贵不断头纹样

除了上述主要纹样外，土族盘绣还包含有五瓣梅、云纹、菱形、雀儿头、人物和佛像等几十种样式，丰富了其艺术表现和文化内涵。

四、艺术特征

土族盘绣以其细腻均匀的绣线和紧凑有序的图案构成著称，既生动形象又疏密得当。作品色彩层次分明，线条流畅且富有节奏感，每一幅绣品都展现了高超的技艺和独特的美学价值。盘绣作品强调整体协调性，其密集的绣法和大面积的图案布局构成了这一艺术形式的主要特色。使用的丝线色彩丰富多样，包括红、黄、绿、蓝、桂红、紫、白等七种颜色，这些色彩搭配既和谐夺目，又在强烈对比中保持了视觉上的平衡，呈现出极具冲击力的艺术效果。

五、制作工艺

土族盘绣的制作工艺极为讲究，从选材到成品加工均体现出精细严谨的工艺流程。一般而言，底料选用黑色纯棉布，而面料则通过巧妙的贴合工艺进行点缀。盘绣采用独特的针法，即同时使用两根颜色相同的丝线，其中一根作为盘线，另一根作为缝线。在具体制作过程中，绣者左手持布、右手持针，通过全程手工操作完成整个绣制过程。该过程不借助棚架，而是完全依赖双手的灵活操作，从而使得每一针每一线都凝聚了匠人的精湛技艺与良苦用心。尽管制作过程繁琐费工，但其成品不仅质地厚实、华丽耐用，更充分展示了土族绣艺在工艺与艺术表现方面的卓越成就。

六、题材作品

土族刺绣以其鲜明的民族特色著称，题材丰富，绣法多样，主要体现在服饰装饰上。土族人的头饰、衣领、衣胸、辫筒、鞋袜、枕巾、荷包、烟袋、背包等物品上均有刺绣图案。

七、代表性传承人

盘绣的传承主要依赖母女之间的相传，也涉及姊妹、妯娌及婆媳之间的传承。以下是几位主要传承人的简介。

李发秀，女，土族，1959 年生，青海省互助土族自治县人。她是第一批国家级非物质文化遗产项目“土族盘绣”的代表性传承人。从 13 岁起，李发秀便跟随母亲学习盘绣。李发秀利用农闲季节，组织当地刺绣爱好者教授盘绣技艺，自 1996 年起多次在县内少数民族乡镇举办土族刺绣培训班，培训人数累计达到百人次。

马有莲，土族，青海省互助土族自治县著名盘绣艺人，2008 年被认定为省级非物质文化遗产项目“土族盘绣”的代表性传承人。她出生于一个土族盘绣世家，自幼跟随母亲学习盘绣，经过多年的实践，成为该领域的佼佼者。她擅长制作复杂的花卉、动物和几何图案，线条流畅，色彩搭配和谐。马有莲在互助土族自治县及周边地区开设了盘绣培训班，向年轻妇女传授盘绣技艺，已培养了大量绣娘。同时，她与当地企业和合作社合作，开发盘绣产品，帮助绣娘增加收入。

麻宝琴，2009 年被认定为省级非物质文化遗产项目“土族盘绣”的代表性传承人。麻宝琴出生于互助土族自治县东沟乡姚马村，母亲是民间盘绣高手。15 岁时，她嫁至偏远的东沟乡黑泉村，因家庭贫困，她通过节俭积攒钱财，前往县城购买丝线，坚持每日练习刺绣。经过数年积累，她的盘绣技艺日益精湛，针法细密均匀，图案生动，色彩鲜明。

胡兰索卡，青海省互助索兰卡民族工艺品有限公司负责人，亦是“青绣”行业的引领者。她的公司目前拥有约百名绣娘，主要从事青绣（刺绣、盘绣）的设计、制作与销售。胡兰索卡的公司致力于为残疾人和贫困人员提供就业岗位。2019 年，公司被青海省妇联命名为“青海省巾帼示范基地”和“青海省文化产业妇女手工制品示范基地”。胡兰索卡于 2019 年被评为互助土族自治县文化馆优秀带头人，公司于 2020 年被省文化和旅游厅授予“产业扶贫基地”荣誉称号。

八、创新传承现状

近年来，互助土族自治县积极推动“青绣之源 · 盘绣之乡”建设，制定《互助土族自治县打造“土族盘绣”名片建设土族文化传承示范区三年行动计划》，促进非遗保护与产业发展。目前，互助土族自治县共有40家盘绣生产企业、基地和经营户，青绣工坊30余家，3家“妈妈制造”合作社，4家省级非遗扶贫就业工坊，以及1处国家级非遗生产性保护示范基地。2022年，互助土族自治县长期从事盘绣的绣户达3000户，同比增长37%，季节性绣娘5000余人，同比增长34.3%。盘绣产业年销售收入达1300万元，同比增长9.96%，绣娘人均年增收3800元，同比增长10.1%。[20]

互助金盘绣土族文化传播有限公司自2007年成立以来，在推动盘绣产业发展及土族文化传承方面发挥了举足轻重的作用。作为国有企业，该公司主要致力于土族盘绣及传统服饰的生产性保护、传承与技能培训，其业务范围涵盖了盘绣艺术馆、绣坊、加工车间、传习基地以及班彦盘绣园等。与此同时，公司积极实施“公司+基地+农户”发展模式，旨在促进土族盘绣技艺的可持续发展，并依托国家级及省级传承人的优势资源，不断加强培训和技能传承工作，从而推动该领域文化遗产的系统化保护与产业化转型。

2021年，公司在五十镇班彦村建立了创客基地，基地包括爱国主义研学教育基地、民俗餐吧、民俗工艺品展厅及“班彦故事”产品研发中心，为乡村振兴和脱贫攻坚提供了有力支持。通过“走出去、请进来”的培训模式，绣娘团队不断壮大，从最初的107人发展到如今的5380人，帮助533户贫困家庭脱贫，推动了当地妇女的增收致富。公司盘绣产品年产量达到5万余件，并通过电商平台销售，近三年累计销售收入超过1600万元，带动贫困户年人均增收2800元以上。

公司自成立以来，始终以保护非物质文化遗产为使命，致力于将传统手工艺与现代市场需求相结合。2011年，公司被认定为国家级非物质文化遗产生产性保护示范基地，并被评为青海省文化产业示范基地、青海省妇女手工制品示范基地等。为进一步推动产业发展，公司与清华美院设计团队合作，投入100万元研发资金，推出50余款中高端盘绣服饰，并扩展至服饰、首饰、挂件、箱包等8大类500多个品种，提升了盘绣产品的市场竞争力和文化价值。图4-5和图4-6分别为互助金盘绣非遗工坊产品盘绣皮包、盘绣车挂。

图 4-5　盘绣皮包

图 4-6　盘绣车挂

此外，公司还创设了“妈妈制造”合作社，并结合文化扶贫项目，与当地农户签订合作协议，共同推动手工艺品的生产与销售。目前，公司已与 632 户农户建立了长期合作关系，其中 117 户为贫困绣户，并累计为 3525 人次绣娘提供了技能培训，从而有效促进了当地民族手工艺的振兴与发展。

通过这些创新举措，互助金盘绣土族文化传播有限公司不仅在土族盘绣文化的保护与传承方面取得了显著成效，而且在推动地方经济发展和社会扶贫方面也发挥了重要作用。

第二节　四川省瓷胎竹编传承创新研究

一、概况

瓷胎竹编起源于成都，成都优越的自然环境为瓷胎竹编的诞生与发展提供了坚实的基础。从地理条件来看，成都位于四川盆地西部，气候湿润、土壤肥沃，适宜竹类植物生长。成都地区竹类植物丰富，拥有 40 属 556 种，其中特有原生竹种 13 属 35 种。尤以慈竹最为代表，其竹节长、竹壁薄、柔韧性佳、易于劈篾，成为瓷胎竹编的理想原料。此外，成都丰富的瓷土资源为瓷器制作提供了优质原料，稳定的地形地貌和适宜的气候条件利于窑址的建立，历史悠久的邛崃十方堂邛窑便是西南地区持续时间最长的古代制瓷窑场之一。在这样的自然与物质条件下，瓷胎竹编工艺得以孕育，并发展为成都地区独具特色的传统工艺。瓷胎竹编于2008年入选第二批国家级非物质文化遗产代表性项目。项目序号为350，项目编号为Ⅶ-51，类别归属为传统美术，申报地区为四川省邛崃市，保护单位为邛崃市文化馆。

2014年，邛崃市平乐双溪河瓷胎竹编工艺品厂成为成都市第一批非物质文化遗产生产性保护企业，让非遗走进生活、走向市场，把非遗的资源优势转化为产品优势和市场优势。2017年6月3日，四川省第十二届人民代表大会常务委员会第三十三次会议通过《四川省非物质文化遗产条例》，明确了瓷胎竹编的保护责任和措施。2022年2月，“瓷胎竹编工艺”被列入四川“省级非物质文化遗产代表性项目保护单位名单”。2023年10月31日，“国家级非物质文化遗产代表性项目保护单位名单”公布，瓷胎竹编项目保护单位邛崃市文化馆评估合格。

二、历史渊源

瓷胎竹编，又称“竹丝扣瓷”，主要产地位于四川，尤以邛崃市平乐镇最为集中。平乐镇盛产慈竹，其竹节长达65厘米，是瓷胎竹编的主要原料。[21]最初，瓷胎竹编的技艺用于保护珍贵的景德镇白瓷，工匠在瓷器表面编织竹篾，以防磕碰损坏。

瓷胎竹编的历史可追溯至汉代，清代巴蜀地区的工匠开始在锡壶上编织竹篾，主要作为贡品。真正形成独特技艺并体系化发展是在清朝光绪年间，四川崇州的手工艺人张国正对民间竹编技艺加以改进，由厚变薄、由粗变细，并借鉴酒缸包装和烘笼造型，创新出依胎编织的工艺，开创了瓷胎竹编的新篇章。[22]后来由于锡壶原材料紧缺，工匠改用瓷器作为载体，使竹编瓷器更具观赏价值，深受欢迎，进而形成了这一独特的手工技艺。

20世纪50年代，瓷胎竹编技艺曾一度濒临失传，后经抢救性发掘得以恢复生产。然而，改革开放后，随着集体生产模式的减少、机械化生产的普及及新材料的兴起，传统手工制作的瓷胎竹编逐渐式微，生产中心也逐步从成都转移至邛崃平乐镇。

目前，邛崃市正积极推动瓷胎竹编技艺的传承与发展，通过搭建工作室与中小学及高校的合作平台，先后与四川农业大学、成都大学、西南财经大学、桂林理工大学、四川大学锦城学院等高校建立联系，并依托高校及中小学夏令营等培训机构，开展“一对一”瓷胎竹编“理论+实践”教学。仅2022年1月至7月，就吸引了300余名高校学生和100余名中小学生学习这一技艺。在技艺推广的同时，瓷胎竹编产业也为当地就业和经济发展提供助力。依托其市场影响力和销售渠道，2022年上半年，组织100余名当地群众从事竹篾、竹丝制作及竹编产品生产，使平乐镇的竹编制品销往全国各地。此外，瓷胎竹编不断拓展市场，2018年参与阿里巴巴淘宝官方“造物节”活动，2020年携手雷克萨斯、爱马仕等品牌推出联名产品，并在线下进行展演，有效提升了瓷胎竹编的知名度。2022年，该项目带动48人实现居家灵活就业，年销售额突破200万元。与此同时，瓷胎竹编的保护工作也在不断推进，通过成立非遗工坊培养竹编人才，并在“中国成都国际非遗节”设立专门展厅，向中外游客展示这项传统技艺。如今，平乐镇已形成竹编制品一条街，瓷胎竹编不仅成为当地特色产业，也深受游客喜爱，成为广受欢迎的旅游纪念品。

三、工艺特色

瓷胎竹编以精细工艺见长，形成了“精选料、特细丝、紧贴胎、密藏头、五彩图”的独特技艺风格。其工艺特点主要体现在以下几个方面：接口隐蔽、紧绕底胎、竹丝细腻、选料优质，使成品既具实用价值，又富有装饰美感。

四、工艺流程

制作瓷胎竹编需要用到的工具有水碗、胶水、镊子、刀片、剪刀、千分卡尺、钢锯、齐刀、分层刀、刮青刀、分丝刀、染料、排针、钩针、压铁等。如表4-1所示，瓷胎竹编工艺精细严谨，其制作流程包括选材、制篾、编织、收尾、修整等多个步骤，每一步都讲求精准和匠心，以确保竹编紧密贴合瓷胎，达到既美观又实用的效果。已开发的编织技法包括挑一压一、挑一压二、挑二压二、挑三压三、挑五压三等，其中，挑一压一、挑二压二、挑五压三技法是目前最主流和最受欢迎的。[23]

表4-1 瓷胎竹编工艺流程

流程	详细步骤
选材	选用质地坚韧、竹节长、壁薄且富有韧性的慈竹作为原料，确保竹篾的细腻度与柔韧性； 确定合适的瓷胎，一般选用形态流畅、表面光滑的圆形或椭圆形瓷器，如茶具、酒器、花器等

续表

流程	详细步骤
制篾	通过破竹、剖篾、刮青、劈丝等工序，将整根竹材加工成极细的竹丝； 使用千分卡尺测量竹丝的宽度与厚度，确保规格均匀； 经过漂白、浸泡、晾干等处理，提高竹丝的柔韧度和耐用性
编织	依据胎体形状，选择合适的编织技法，如斜编、直编、回纹编等； 使用镊子、胶水等工具，使竹丝紧密贴合瓷胎，确保不留空隙； 逐层编织，保证纹路整齐、接口隐蔽，使整体造型美观大方
收尾	采用“密藏头”技法，将竹丝接口隐蔽处理，增强整体美观度和牢固性； 使用胶水固定编织收尾处，使竹编与瓷胎更稳固
修整	通过刀片修整编织过程中的毛边，使表面更加光滑整洁； 进行整体检查，确保竹编紧密贴合胎体，无松动或瑕疵； 视需求进行适当装饰，如上色或增加纹样，提升艺术价值

五、产品类别

瓷胎竹编产品按用途可分为日常器具、文房用品、艺术摆件和工艺装饰品四大类。日常器具包括茶具、酒器、餐具等。文房用品包括笔筒、笔洗、砚台等。艺术摆件包括花瓶、果盘、香炉等。工艺装饰品包括人物、动物雕塑、壁挂装饰、灯具等。

按编织工艺不同，可分为普通编织、提花编织和五彩图案编织。普通编织以古铜色烤丝为主，搭配几何图案，适用于批量生产。提花编织采用新竹青丝，经纬等宽，便于呈现单色图案、文字及书法作品，尤以熊猫图案居多，常用于花瓶、茶具等产品。五彩图案编织则结合多种技艺，利用多色丝线，创造丰富多变的图案效果，多用于展品、礼品及高端工艺品。

近年来，技艺传承人不断创新，将瓷胎竹编技艺拓展至不同材质的底胎及无胎产品，开发出竹编首饰盒、竹编包、竹编动物摆件等新产品。

六、代表性传承人

瓷胎竹编技艺的传承历经数代匠人不断创新与发展。清光绪年间，第一代传承人张国正改进民间竹编技艺，推行“取薄替厚、精细化编织”，并借鉴酒缸包装与烘笼造型，创新出依胎编织工艺，奠定了瓷胎竹编的技艺基础。第二代传承人刘福兴、刘茂林、肖天龙等 11 人进一步提升技艺，其中刘茂林制作的篾丝瓷花瓶荣获 1915 年巴拿马万国博览会银质奖章。第三代传承人林绍清师从刘福兴，1954 年在苏联参展获好评后，广收徒弟，并推动漆、锡胎向瓷胎转变。1955 年，他主持成立特种工艺小组，次年改为国营竹编工艺厂，培养了第四代传承人李万东、叶桂珍、伍孝芳、王忠华、徐发荃、江秀清等。改革开放后，李万东在邛崃开设万家竹编厂，瓷胎竹编出口增加，成都竹编厂和邛崃竹编厂迎来发展高峰。第五代传承人游伟(创立双溪河竹编厂)、黄仕荣(创立华美竹编厂)、谭代明(创立成都新派竹编)、黄洪萍(创立成都三友竹编工艺有限公司)等，各自传承并拓展瓷胎竹编工艺，其中张三石更是张国正的后裔。如今，第六代传承人杨银友、游浩、杨慧、李艳、张桃萍、刘大兰、黄星等，正积极推动瓷胎竹编的传承与创新，使这一珍贵的非遗技艺得以延续与发展。

七、创新传承现状

2008 年，法国奢侈品牌爱马仕开始探索复兴世界各地的文化遗产，在研究了印度和非洲的古老工艺后，目光转向中国。彼时，中国设计师蒋琼耳正在为爱马仕设计橱窗，二者的理念一拍即合，决定结合中国传统手工艺与当代美学，打造一个时尚与生活方式品牌。同年，爱马仕与蒋琼耳达成合作协议，标志着 SHANG XIA(上下)品牌的诞生。

经过两年的筹备，2010 年 SHANG XIA(上下)正式成立，首个系列一经亮相便惊艳世界。其中，瓷胎竹编工艺大师张德明设计的“桥”系列竹丝扣瓷茶具作为代表性作品之一，凭借卓越的工艺和独特的设计，成为该品牌的重要产品之一。这款茶具套装采用国家级非物质文化遗产技艺——竹丝扣瓷，采用“双线交叉走丝”的立体编织工艺，相较于传统技法，经篾和编篾均增加到两根，使编织效果更加精细。工艺师仅凭一把刀，将竹子手工劈成极细的竹丝，紧贴瓷面编织，竹丝接头隐而不见。值得一提的是，百斤原竹，仅能抽取八两可用竹丝，最细可达 0.33 毫米。而白瓷茶具部分则经过 1300℃ 高温烧制，呈现温润如玉的质感。

该系列茶具推出后备受国际认可，其中一套原竹色茶具被法国国立吉美亚洲艺术博物馆收藏，进一步奠定了瓷胎竹编在世界工艺美术领域的地位。同时，SHANG XIA(上下)的设计作品也被大英博物馆、伦敦维多利亚和阿尔伯特博物馆、吉美亚洲艺术博物馆等世界级博物馆收藏，并深受国际拍卖行和权威媒体的关注和好评。

目前，平乐瓷胎竹编工厂已与全球顶级品牌爱马仕达成长期合作协议，持续推出高端瓷胎竹编茶具、摆件和首饰等文创产品。SHANG XIA(上下)品牌的成功，标志着中国传统工艺在全球奢侈品市场的创新应用，同时也为瓷胎竹编技艺的传承与发展开辟了更广阔的空间。图 4-7 为桥系列竹丝扣瓷原竹色茶具套装。

图 4-7　桥系列竹丝扣瓷原竹色茶具套装

第三节　甘肃省天水雕漆技艺传承创新研究

一、概述

天水位于甘肃东南部，物产丰富，风景秀丽，素有“陇上江南”之美誉。截至 2022 年，全市森林覆盖率达 36.84%，远超全国平均水平。[24] 天水境内的小陇山林区面积逾 1200 万亩，其中用材林占 590 多万亩，天然漆林约六七十万亩，年产生漆数十万斤，是中国古代文化的重要发源地之一。[25] 天水雕漆技艺于 2008 年被列入第二批国家级非物质文化遗产代表性项目名录，项目序号为 400，项目编号为Ⅷ-50，类别归属为传统技艺，申报地区为甘肃省天水市秦州区，保护单位为天水飞天雕漆工艺家具有限责任公司。图 4-8 和图 4-9 分别为天水雕漆企业天水飞天雕漆工艺家具有限责任公司开发的麦积奇秀座屏与敦煌飞天六扇屏风。

图 4-8　麦积奇秀座屏

图 4-9　敦煌飞天六扇屏风

二、历史渊源

《诗经·秦风》记载“阪有漆，隰有栗”，反映了早期漆树的种植情况。唐代杜甫的诗句“近闻西枝西，有谷杉漆稠”亦佐证了当地漆树资源的丰富。考古发现表明，天水境内的漆器遗存可追溯至春秋战国时期，历代均有漆器出土，如漆棺、盘、耳杯、漆案、碗等，种类繁多。天水雕漆工艺正是由这一深厚的漆艺传统发展而来。天水漆艺虽历经两千多年发展，但雕漆工艺的出现则始于 20 世纪初。1916 年，渭川道尹张继洪自西安聘请技师汪俊杰、汪成基兄弟，在天水创办陇南工艺厂，招收学徒，制作雕漆制品，奠定了天水雕漆的基础。[26] 此后，天水漆艺经历转型，由油饰、罩漆逐渐向雕填、彩绘发展。其中雕填工艺尤具代表性，其技法是在未褪光的地子上作画，再经雕刻、填色、研磨而成，光洁如镜，色泽持久不脱。

1918 年，地方人士张直忱、蒲宝珊等成立“协济工艺厂”，生产笔筒、茶盘、烟盘等。随后，“莲叶公司”等企业相继创办，使天水雕漆产业一度兴盛，产品畅销各地。然而，因官商倾轧、经营不善等原因，雕漆业渐趋衰落，仅余数家店坊维持经营。新中国成立后，雕漆业逐步复苏。1953 年，在政府支持下，27 位艺人成立“天水市雕漆生产合作社”，恢复生产，并派员赴外地学习，技术不断进步，品种日益丰富。

1958 年，雕漆生产合作社改制为国营“天水市雕漆工艺厂”，并派遣技术人员前往北京、天津、扬州等地学习深造，掌握了彩绘、镶嵌、雕填、贴金、嵌银、堆漆、刻灰等多种传统技法。何晓峰、周兆颐等知名工艺美术师参与设计，产品涵盖麻榻、屏风、箱柜等数百种类。1969 年，工厂制作出高达 2.8 米的仿古铜毛主席雕像。1973 年完成大型十二扇围屏《群仙祝寿》，工艺水准在业内处于领先地位。其产品远销欧美及东南亚多个国家和地区。

改革开放后，天水雕漆业迅速发展，国营、集体及私营企业增至 40 余家，个体作坊超过百家。1986 年，“飞天牌”漆器荣获全国工艺美术百花奖银奖，1990 年再获中国工艺品百花奖。2006 年，天水飞天雕漆工艺厂被授予“中华老字号”称号，并同时入选甘肃省非物质文化遗产名录。2008 年，天水雕漆髹饰技艺被列为国家级非物质文化遗产推荐项目。

尽管天水雕漆产业曾繁荣一时，但进入 21 世纪后，行业规模萎缩、从业者减少、漆器价格昂贵、市场认知度低、产品创新不足等问题日益凸显。如何在现代工艺与传统技艺之间寻求平衡，推动天水雕漆技艺的传承与创新，已成为亟待解决的问题。

三、艺术特征

天水雕漆展现出鲜明的艺术特征，如工艺精湛、漆面坚实、造型典雅、技法多样以及图案蕴含深厚文化意蕴等。该工艺传承自古代雕漆传统，工序繁复且严谨，原材料的选用极为考究。一件作品往往需经过上百道工序，耗时半年甚至一年以上。漆面呈现出乌黑光亮的质感，既坚实耐久，又不惧酸碱、高温和潮湿环境，从而兼具实用性与观赏性。作品造型端庄大方、色彩沉稳浑厚，充分展现出西北风格的厚重气质和文化底蕴。此外，天水雕漆的装饰技法丰富多样，融合了石刻镶嵌、镶银、贴金、彩绘及雕填等多种工艺，令画面更具立体感和艺术表现力。并且其纹饰设计讲究整体布局，图案精致独特，涵盖了大量传统文化元素，彰显出深厚的艺术内涵和人文气息。这些特性共同构成了天水雕漆在中国传统工艺美术领域的重要地位。

四、雕漆品类

天水雕漆的产品种类丰富多样，主要可归纳为家具、小件、屏风、文房用品、旅游纪念品以及雕漆与传统绘画相结合的作品六大类别。家具类产品主要包括床榻、桌椅、书架和沙发等大型实用家具，这些作品不仅造型典雅，而且兼顾实用性与观赏价值；小件类涵盖手杖、茶具、果盒和梳妆匣等日常用品，工艺精美，便于收藏与使用；屏风类产品则种类繁多，典型代表有插屏、围屏和挂屏，这些屏风常以《群仙祝寿图》或《八仙过海》等传统题材为装饰，具有极高的艺术价值；文房用品主要指笔筒、砚台和印盒等书房配件，这些产品融入浓厚的文化气息，深受文人雅士喜爱；旅游纪念品则巧妙结合地方特色与雕漆工艺，使雕漆艺术得以走向更广阔的市场，并远销国内外；而雕漆与传统绘画相结合的作品，通过融合文人画技法与雕漆工艺，创作出兼具装饰性和艺术价值的佳作。各类别产品各具特色，充分展示了雕漆工艺的多样性和艺术魅力。

五、制作工艺

天水雕漆以其精湛的工艺和丰富的装饰技法，充分展现了独特的艺术魅力。其制作流程包括胎体制作、基础装饰、雕刻填彩以及镶嵌装饰等多个环节。首先，在胎体制作阶段，工匠选用松木、桦木、椴木等优质木材，通过雕刻、打磨及多次髹漆，使得胎体表面呈现出光滑且坚实的漆面。装饰工艺方面，常见技法包括平磨螺钿、堆塑彩绘、脱胎以及堆塑贴金等。其中，平磨螺钿技法采用珍珠贝、云母等材料镶嵌于漆面，呈现出镜面般的光亮效果；堆塑彩绘则利用天然漆料塑造立体图案，并辅以工笔彩绘，以增强装饰效果；脱胎技艺则以泥土、石膏或木模为胎，辅以夏布或绸布逐层裱褙，形成轻巧而坚固的漆器；堆塑贴金工艺则在漆面上堆塑图案后贴上天然金片，使得作品更加富丽堂皇。此外，美石、贝壳、象牙、玉石等镶嵌工艺亦被广泛运用于人物、花鸟及走兽等形象的刻画中，从而使作品具有更强的立体感。随着现代科技的发展，天水雕漆的制作正逐步向机械化、半机械化方向转变，工艺日益精细，产品种类更加丰富，这充分体现了传统技艺在传承与创新过程中的持续活力。

六、装饰纹样

天水雕漆的装饰纹样种类繁多，主要包括人物、动物、植物和风景四大类别。人物纹样以中国传统历史文学人物和天水本地文化形象为主，例如《仕女图》取材于《红楼梦》，以及源自敦煌壁画的“飞天”造型，这些形象通过彩绘、百宝嵌与堆塑等技法得以生动呈现。动物纹样则涵盖了兽类和飞禽，如九龙壁、马踏飞燕、白象、狮子、仙鹤、喜鹊与孔雀等，这些形象不仅富有地域文化特色，而且寓意吉祥美好，充分展示了雕刻工艺的灵动之美。植物纹样以牡丹、梅花、竹子、荷花、石榴和葡萄等有吉祥寓意的图案为主，通过谐音和象征手法表达美好祝愿，例如“四季平安”图案便利用不同季节的花卉和百宝嵌技法营造出丰富的层次感。风景纹样则以山水、树木和云雾等自然景观为表现对象，尤以天水麦积山风光为典型代表，既展示了壮丽的自然景色，又凸显了浓郁的地域文化特色。这些装饰纹样各具特色，共同构成了天水雕漆独特的艺术风貌。

七、代表性传承人

天水筹款从陕西聘请技工汪基成与汪俊杰二人，并在天水创办陇南工艺厂，标志着天水近代髹漆业的复苏。随后，汪基成与汪俊杰招收了张珍、武秉子、何敏、赵云奎、郭力学、赵亭赞、叶其焕、杨春发等徒弟，其中郭力学成为汪基成的徒弟，并创立了雕漆厂，推动了髹漆工艺的发展。

第二代传承人包括周富林、杨谦、高志仁、郭笃学、郭汉杰、宋其宗、刘有才、何晓峰、周瑞琪、杨林山、孙秀、杜详、郭蕙香、宋克让、白杰等。其中，周瑞琪、杨林山、孙秀、杜详、郭蕙香、宋克让、白杰师从郭力学，延续了其雕漆技艺的传承。

第三代传承人包括张国栋、周兆颐、杨应龙、金永祥、孙兴茂、朱鉴、王玉娥等，他们不仅在髹漆技艺上取得了卓越成就，更在工艺美术界产生了深远影响。其中，张国栋荣膺国家级非物质文化遗产代表性传承人，同时也是高级工艺美术师、甘肃省工艺美术大师、中国工艺美术学会高级会员及代表性传承人，在行业内享有盛誉。周兆颐、杨应龙、朱鉴等亦在工艺美术和国画领域取得了显著成就，为传统技艺的传承与发展作出了重要贡献。此外，孙兴茂于 2008 年被认定为省级非物质文化遗产代表性传承人，进一步推动了髹漆技艺的传承和推广。

步入第四代，何金成、胡建生、巴忠天、张平等薪火相传，继承并发扬了前辈技艺，并均被授予甘肃省工艺美术大师称号。其中，何金成、胡建生于 2008 年被认定为省级非物质文化遗产代表性传承人，进一步巩固了髹漆技艺在非遗保护体系中的重要地位。巴忠天现任飞天漆器公司总工艺师，张平则担任该公司技术科科长，二人持续推动髹漆工艺的创新发展，使这一古老技艺在新时代焕发新的生机。通过代代相传的匠心坚守与不断创新，天水髹漆技艺得以延续与繁荣，展现出深厚的文化底蕴与艺术价值。

八、创新传承现状

天水雕漆作为国家级非物质文化遗产，近年来在保护传承与创新发展方面均取得了显著成就。成立于 1985 年的天水黄河雕漆工艺有限责任公司，作为该技艺的重要传承与创新主体，汇聚了国家级和省级工艺美术大师以及众多雕漆技艺人才，形成了强大的技术团队。该公司主要经营雕漆工艺品、摆件、家具以及艺术陈列品，产品种类超过 300 种，年销售额达到 1200 余万元，并多次荣获“中国民间工艺艺术精品”金奖、“中国工美漆器精品”银奖及“百花奖”等国内权威奖项。2018 年，公司被甘肃省人民政府评为“全省推动非公经济发展先进集体”，并拥有多个国家级科技创新项目专利，已成为国内工艺美术界的重要企业。

在产业融合与文化创新方面，历经四年建设，天水雕漆文化博览园已全面建成，包括天水雕漆博物馆、技艺传承培训中心、雕漆技艺展演互动区、创新研发中心等多个功能区。博览园以文化、工业和旅游深度融合为发展方向，集雕漆技艺展演、工艺美术培训、非遗技艺展示销售、研创空间及文化体验于一体，成为国内少有的兼具实体产业支撑与文化旅游功能的特色产业园区。博览园位于世界文化遗产麦积山风景区内，唐代大诗人杜甫曾留寓此地，其区位优势使其成为丝绸之路文化产业重点项目。博览园的落成，不仅实现了天水黄河雕漆工艺有限责任公司的提产扩能与业态升级，也为天水雕漆技艺的保护、传承和国际推广提供了强大平台。

在产品创新与市场拓展方面，天水雕漆企业天水飞天雕漆工艺家具有限责任公司在坚守传统技艺的基础上，不断推动产品创新。该公司积极开发以麦积山、伏羲文化和石窟艺术为主题的雕漆产品，同时结合地方文化创作出以郑板桥竹画、何晓峰花鸟作品为题材的雕漆艺术品，从而打破传统单一设计模式，提高了产品更新的速度。此外，企业引入新工艺与新材料，并探索“私人订制”模式，使雕漆技艺更贴近现代消费者的需求。与此同时，传统销售渠道(如景区和展销会）正在逐步向线上平台转型，企业通过网络店铺和短视频推广等方式实现产品的广泛传播，使更多消费者了解并购买天水雕漆产品，从而加速了产业链的市场拓展。

在人才培养与技艺传承方面，雕漆技艺因工序繁琐、学习周期长，面临人才断层问题。为此，天水雕漆行业积极寻求人才培养模式的创新。天水飞天雕漆工艺家具有限责任公司通过与艺术院校合作，开设实习、观摩项目，为年轻人提供学习机会。目前，该公司已有近 20 名“90 后”员工加入生产一线。此外，天水市“两把刷子”雕漆工作室、天水师范学院“山下工房”雕漆艺术创新工作室等机构，也在技艺传承和创新发展方面发挥了重要作用。特别是“山下工房”将传统大漆材料与现代文化创意相结合，拓展了雕漆产品的应用领域，形成独具特色的漆艺文创品牌。

2024 年，世行贷款支持的甘肃丝绸之路经济带文化传承与创新项目——天水雕漆技艺传承培训项目正式启动，旨在培养技艺精湛、创意无限的雕漆传承人，并助推甘肃文化旅游业的发展。展望未来，天水雕漆企业将依托文化博览园和数字化营销平台，进一步提升雕漆产品的国际影响力。总体而言，天水雕漆产业正以全新的姿态迈向市场化和国际化，通过创新驱动、人才培养与产业融合，逐步打造出独具特色的文化品牌，为雕漆技艺书写新时代的新篇章。

第四节　宁夏回族自治区花儿传承创新研究

一、概述

花儿是中国西北多民族共同创造和传承的一种山歌，被誉为“活着的诗经”。[27]它广泛流传于甘肃、青海、宁夏及新疆等四省区，涵盖回族、汉族、土族、东乡族、保安族、撒拉族、藏族、裕固族等八个民族。花儿通常使用当地汉语方言演唱，且仅限在村寨之外的开放场所演唱，因此被称为“野曲”（与“家曲”或“宴席曲”相对），也被称为“少年”。花儿的演唱场合主要分为日常生产、生活中的歌唱以及“花儿会”这类大型民间歌会，后者又被称作“唱山”。花儿于 2006 年被列入第一批国家级非物质文化遗产代表性项目，项目序号为 51，项目编号为Ⅱ-20，类别归属为传统音乐，申报地区为甘肃省康乐县，保护单位为康乐县文化馆。2009年，回族花儿被联合国教科文组织列入《保护非物质文化遗产公约》人类非物质文化遗产代表作名录，进一步提升了其在世界文化遗产中的重要地位。图4-10为宁夏回族自治区花儿歌会现场。

图4-10　宁夏回族自治区花儿歌会现场

二、历史渊源

宁夏地处中国西北内陆高原地带，位于古代陆上丝绸之路的重要节点，长期以来便是多民族聚居与文化交融的战略要地。历史上，由于频繁的人口迁徙与区域变迁，不同民族间的文化元素不断交汇与融合，形成了多元共生的文化生态。在频繁的贸易往来与民族互动过程中，各族民众在日常劳动与生活实践中共同孕育出具有深厚地域特色的民间艺术形式，其中"花儿"便是在这种文化交流的背景下逐步发展而成的一种民俗歌谣。凭借其强烈的艺术生命力与实用价值，宁夏花儿不仅深深植根于广大民众的生活经验之中，也逐渐演化为富有代表性的地方民俗文化载体。

关于宁夏花儿的起源，学术界尚无统一定论，存在多种观点。一种观点认为，花儿是在蒙古族和藏族民歌影响下所形成的特殊民间歌谣；另一种观点则将其溯源于回族人民的思乡曲，主张其随着族群迁徙而演化为独特形式；亦有研究者指出，花儿源自明代初年南京移民传入洮州（今甘肃临潭）地区的南方民歌，这类歌谣常借花卉意象进行比兴表达。这些观点虽各不相同，但共同体现出"花儿"自近现代以来，已成为回族及西北地区各族人民广泛传唱的重要艺术样式，具有鲜明的民族文化标识和历史积淀。

三、分类

按照地域划分，花儿大体可划分为“青海花儿”“河州花儿”与“宁夏花儿”三大类，其源头多被追溯至甘肃临夏地区（历史上的河州）。花儿的题材以抒情性为主，尤以爱情歌曲最具代表性，兼及对日常生活场景的描绘与情感体验的表达。在表现形式上，其歌词多采用四句或六句结构，常带有即兴性，语言通俗、贴近口语，善于运用比兴手法来增强艺术表现力与情感传达的深度。其音乐形式极为丰富，据不完全统计，花儿旋律主调超过百种，整体风格旋律高亢、节奏鲜明、情绪奔放，充分展现了回族人民对美好生活与纯真爱情的热切向往。

根据其传唱地域、曲调特点和演唱风格的不同，可分为“河湟花儿”“洮岷花儿”和“六盘山花儿”三大类。[28]其中，宁夏花儿主要归属“六盘山花儿”体系，广泛流传于六盘山文化圈，具有显著的地域风格与文化特征。

在流派方面，花儿因地域不同又有诸多分支。例如，在甘肃临夏地区，花儿可分为河州花儿和莲花山花儿，进一步细化则有北乡花儿、南乡花儿、东乡花儿、保安花儿、撒拉花儿等支派。宁夏花儿的曲调丰富，已有30多种，其歌词结构通常为四句体，前两句以比兴手法铺垫，后两句点明主题。单句结构多有四个停顿，末顿仅为一字，而双句则有三个停顿，末顿必须为两个字，形成独特的节奏感。

四、主题内容

宁夏花儿在歌词内容上表现出高度的多样性与深厚的文化底蕴，充分反映了该地区人民的日常生活图景、民俗传统以及社会历史的演进轨迹。从主题范畴来看，宁夏花儿的歌词大致可归纳为四类，即生活类、爱情类、叙事类与时政类。生活主题主要围绕农耕生产、节令习俗及民间礼仪等内容展开，真实展现了六盘山地区广大农村民众的劳动场景与生活状态；爱情主题则聚焦于青年男女之间的情感交流与思念寄托，通过细腻的描写表达出人际情感的微妙变化与内心世界的丰富层次；叙事主题多取材于地域性强的民间传说与历史故事，不仅具有较强的文学色彩，也体现了地方文化的历史纵深感；而时政主题则回应社会变迁与时代进程，通过歌谣这一形式表达民众对现实社会的观察、认知与评价，具有明显的时代性与批判性。这些歌词通常通过赋、比、兴的修辞手法来传达，使得歌词既具有浓厚的生活气息，又不失艺术感染力。在艺术表达上，宁夏花儿广泛运用赋、比、兴等传统修辞手法，通过自然景象与生活意象的巧妙构造，使歌词在叙事与抒情之间获得平衡，兼具生活质感与审美魅力。此外，歌词中融入六盘山地区的方言元素，形成独具一格的语言风貌，不仅增强了地域识别度，也提升了文本的表现力和感染力，使其在西北民歌体系中占据独特地位。

除了音乐形式，宁夏花儿还通过舞台剧形式得到了广泛展现。代表性的花儿剧目有《花海雪冤》，这部剧被视为宁夏民族戏剧的开创之作，标志着花儿艺术在舞台剧领域的成熟。继《花海雪冤》之后，还创作了《牡丹月里来》《雪原情》《雾茫茫》等一批受欢迎的大型花儿剧，深受观众喜爱。2003 年创作的《月光宝镜》取材自东乡族的民间传说，是一部典型的民族风格花儿剧，2004 年成功上演，标志着花儿艺术向更广阔的舞台迈出了坚实的步伐。

宁夏花儿的代表曲目也丰富多样，涵盖了许多脍炙人口的经典之作。例如，《黄河岸上牛喝水》借助黄河沿岸的自然景致与乡土生活图景，塑造出浓郁的地域风貌；《看一趟心上的尕花》则以缱绻细腻的语言抒发爱慕之情，展现出深沉的人文关怀；《花儿本是心上的话》通过质朴而真挚的表达，传达出民间艺术的情感真理与文化温度；《园子里长的绿韭菜》则通过对农耕生活的描写，展现出劳动的美学意象。这些作品不仅在宁夏本地广为传唱，也在更广泛的区域文化传播中发挥了积极作用，成为宁夏花儿文化传承与创新的重要载体。

五、艺术特征

宁夏花儿作为中国西北地区极具代表性的传统民歌样式，其艺术特征集中体现于音乐形态、文学表达、表演方式与文化内涵的多重融合之中。

在音乐层面，宁夏花儿以高亢而悠扬的旋律风格为主要特征，音域跨度广泛，节奏自由灵动，常采用散板形式，赋予演唱者较大的即兴发挥空间。这种自由的节奏安排不仅增强了演唱的表现力，也体现了花儿艺术在口头传统中的活态传承特征。旋律中广泛运用颤音、滑音等装饰音技巧，使声音层次更加丰富、情感表达更加细腻。其调式以五声音阶为基础，尤以羽调式与徵调式最为常见，展现出浓郁的民族音乐风格与地方性音响特质。演唱形式方面，宁夏花儿具备独唱、对唱与合唱等多样化表现方式，其中对唱尤为突出，强调演唱者间的即兴应答与情感互动；而合唱形式多出现在民间节庆、庙会等集体性场域，强化了其群体性表达功能，折射出民众情感共鸣的文化心理。

在文学表达层面，歌词创作可谓宁夏花儿的艺术灵魂，其显著的即兴性与题材广泛性使其在传统民歌中独树一帜。演唱者往往依据现场语境和个人情感即兴填词，内容涵盖爱情、乡愁、劳作、节庆、自然景观乃至社会现实等多个层面，充分体现了花儿艺术强烈的现实关怀与文化适应能力。语言运用方面，花儿歌词通常采用六盘山地区的方言进行演唱，增强了其地域辨识度与文化认同感。同时，广泛运用比喻、排比、反复等修辞手法，使歌词富于节奏感与形象性。例如“白牡丹白者耀人哩，红牡丹红者破哩”一类比兴性语言，不仅增强了艺术表现力，也折射出民众生活经验与审美趣味的内在融合。

在表演空间与风格层面，宁夏花儿深植于西北民众的日常生活语境之中。其原生表演场域涵盖田间地头、山野牧场等自然环境，而婚礼、庙会等民俗节庆活动则提供了更为正式的社会性表演平台。在演唱过程中，表演者通过声腔强弱变化、肢体语言及面部表情等多种方式增强情感表达，使整个表演充满生命力与感染力。尤其在对唱形式中，双方演唱者的即兴互动不仅体现了民间智慧的即兴创造性，也赋予花儿更强的现场艺术张力。这种“生活即舞台”的演出模式，构成了花儿与社区生活之间密切关联的表演生态，使其成为民众表达情感、进行社会交往的重要媒介形式。

在文化融合层面，宁夏花儿可视为多民族文化融合与共生的活态见证。特别是在回族花儿中，伊斯兰文化元素与汉族传统民歌的深度融合，构成了一种独特的文化复合形态，表现出高度的文化适应性与融合性。

六、代表性传承人

近年来，国家和自治区对其传承人进行了评选和表彰。目前，国家已公布了五批花儿国家级非遗代表性传承人，宁夏回族自治区也公布了六批自治区级代表性传承人。以下是部分代表性传承人及其成就。

王德勤(女，1954 年生，宁夏吴忠人)，是宁夏第二批花儿国家级代表性传承人之一。王德勤自幼喜爱唱歌，早期便加入合唱队，并在 1980 年吴忠举办的花儿演唱会上展示才华。她在回族女教师安宇歌的指导下，逐渐成为宁夏花儿的代表人物。王德勤获得了诸多奖项，包括 2007 年西北五省区花儿大赛银奖、2010 年西部 13 省民歌大赛宁夏赛区金奖和 13 省赛区银奖；在 2011 年四川绵阳市举行的首届中国原生态民歌盛典中，她演唱的回族宴席曲《父母好比江河水》获得铜奖，并荣获“优秀传承人奖”。此外，她还积极从事花儿传承工作，曾应邀为宁夏青铜峡市文工团演员授课，并在吴忠市文化馆开设花儿音乐课程，推动了这一传统文化的普及。

马汉东(1962 年生，宁夏海原县人)，被誉为“西北花儿王子”，是宁夏首批花儿国家级代表性传承人之一。自少年时期，他便迷上了花儿，并凭借《山里的野鸡娃》获得了海原县金奖。此后，他多次参加西北五省区的花儿比赛，获得了银奖。1987 年，在原文化部组织的“西北五省区民歌‘花儿’巡回演出”中，马汉东获得了“最佳演员奖”及“西北花儿王子”的称号；1990 年，他在全国农民歌手邀请赛中荣获二等奖。1993 年，马汉东随宁夏代表团赴日本演唱花儿，并在中央电视台春节联欢晚会中演唱，成为首位将花儿带入春晚的歌手。近年来，他积极在中小学传授花儿艺术，并为当地学校开设花儿课程，推广这一非遗艺术。

李凤莲(女，1957 年生，宁夏西吉县人)，是宁夏首批花儿国家级代表性传承人之一。自小便在农村接触到花儿，并在 10 岁时偷偷学习。这一习惯持续了四十多年，李凤莲成为宁夏回族花儿名歌手。1980 年，她参加全国民族唱法会演，凭借一首花儿在北京大剧院获得了观众的热烈掌声，成为“永不疲倦的杜鹃”。李凤莲还曾随宁夏回族自治区政府代表团赴日本演唱，并在多个地方获得了金奖。退休后，她在西吉县担任花儿民歌指导教师，致力于在全县中小学推广花儿教学，传承这一宝贵的文化遗产。

此外，还有多位代表性传承人在不同批次中被评为自治区级花儿代表性传承人，包括马学辉、吕秀峰、马成福、张建军、赵福朝、杨登清、杨生旺等，都在各自的领域中为花儿文化的推广和保护作出了重要贡献。

七、创新传承现状

近年来，宁夏回族花儿在传承、保护和创新方面取得了显著进展，涵盖了数字化保护、校园推广、文化交流、舞台创作等多个领域，形成了多层次、多形式的传承体系，为其在现代社会中的可持续发展奠定了坚实基础。

(一) 数字化保护与资料建设

数字化保护是近年来宁夏花儿传承工作中的一项重要举措。近年来，宁夏回族自治区图书馆、宁夏大学以及文化信息资源共享工程等联合开展了宁夏回族花儿数字数据库的建设工作。上述平台通过系统性地采集和整理花儿的音频、视频与文字资料，构建起结构完善、内容丰富的资源库，为花儿的研究、传承与传播提供了坚实的数据基础与技术支持。数字化手段不仅提升了花儿的保存效率和传播广度，也拓展了其在现代社会尤其是青年群体中的影响力，使这一传统艺术在数字时代焕发出新的生命力。

（二）“花儿进校园”计划

为进一步推动花儿的世代传承，宁夏回族自治区积极实施“花儿进校园”计划，将其融入中小学教育体系之中，作为艺术素养与民族文化教育的重要内容。“绿芽计划”作为该项目的具体实践路径，得到了自治区教育厅的政策支持，并联合发布了《宁夏非物质文化遗产教育传承计划实施纲要》。纲要明确提出将宁夏花儿纳入校园课程体系，以系统化的教学方式开展普及与传承工作。为了适应中小学生的需求，传统的花儿作品经过艺术加工与内容调整，创作出一批更符合青少年认知与审美需求的“校园花儿”。这些作品在保留花儿基本旋律与艺术风格的基础上，优化了歌词内容，避免原生态作品中情感浓烈、内容复杂等可能不适宜学生群体的部分。例如在银川市兴庆区，“花儿进校园”活动由当地教育局音乐教研员聂新主导，其亲自创作并指导教学的《美丽的穆斯林姑娘》《希望》《雏鹰在行动》等校园花儿，受到了学生广泛欢迎。这一举措不仅提升了青少年对传统艺术的认知与兴趣，也为花儿的可持续发展培育了传承人。

（三）通过景区和商圈推广

随着文化旅游融合发展的不断深化，宁夏积极推动花儿艺术在旅游景区与城市商圈中的传播与展示。在宁夏的多个旅游景区，花儿传承人通过现场演出和互动展示的方式，将花儿艺术融入景区文化演艺项目中，不仅提升了游客的参与感与文化体验感，也促进了花儿艺术的产业化转型。这种以“文旅融合”为导向的传播模式，有效打破了花儿传统演出空间的地域与社群限制，使其能够在更广泛的社会语境中持续发挥影响，让更多的游客体验到宁夏的民族特色。

与此同时，宁夏还充分利用城市商业空间，尤其是在银川等地的重要商圈，组织开展花儿专题展演和宣传活动。此类活动不仅增强了花儿艺术与公众生活之间的互动性，也进一步巩固了其在民众日常文化生活中的传播基础。

（四）媒体与网络传播

随着信息技术的发展与媒介环境的演变，宁夏花儿的传播路径日趋多元。借助广播、电视及互联网等现代媒体平台，花儿艺术实现了在更广范围与多样受众中的传播。宁夏广播电视台开设的《花儿声声》《倾听》等栏目，通过“每天一歌”“人物访谈”等形式，持续向社会各界普及花儿文化，增强其在主流媒体中的话语权与文化能见度。此外，花儿正逐步构建起兼具传统性与现代性的传播生态，以文字、图片、视频及三维动画等多种形式构建的线上内容，让更多年轻人通过“云端”渠道了解这一传统艺术。

（五）花儿走向国际

在全球化语境与“一带一路”倡议背景下，宁夏花儿的对外传播亦不断拓展，逐步走向国际文化交流的前沿。自 2012 年起，宁夏花儿艺术团队积极参与多项国际文化交流活动，先后赴俄罗斯、老挝、埃及、斯里兰卡等国家进行演出与文化互动，展示宁夏花儿独特的艺术魅力与民族特色。这些展演活动不仅提升了花儿在国际社会中的认知度与美誉度，也为增进不同文化之间的理解与交流搭建了平台。

（六）花儿歌舞剧的创作与创新

花儿的创新形式之一就是花儿歌舞剧的创作。自 1979 年以来，宁夏各级文化部门开始创作基于传统花儿曲目的歌舞剧。例如，银川市文工团于 1979 年首次将民间叙事诗《马五哥和尕豆妹》改编为花儿歌舞剧并上演；1983 年，宁夏歌舞团演出了花儿歌舞剧《曼苏尔》。这些作品将花儿民歌与舞蹈、戏剧等艺术形式相结合，形成了全新的艺术表达方式。

随着时间的推移，花儿歌舞剧的创作不断拓展。例如，2009 年中卫歌舞团创作并演出了《回乡婚礼》歌舞剧，该剧将宁夏回族婚俗的细节与花儿结合，获得了国内外观众的好评。2012 年，宁夏大型原创回族舞剧《花儿》在北京保利剧院正式上演，至今已经在国内外巡演近百场，并受邀赴韩国、马尔代夫、塞舌尔、土耳其等国家演出，赢得了广泛的赞誉。

通过花儿歌舞剧的创新，花儿不仅保留了传统的韵味，还成功吸引了更广泛的受众，尤其是年轻一代。花儿歌舞剧为宁夏回族花儿艺术的推广、保护和传承提供了新的途径，并为这一传统艺术形式赋予了新的生命力。

（七）传承保护基地建设

为了加强花儿艺术的传承与保护，宁夏自 2007 年开始设立了多个回族花儿的传承保护基地。目前，已有 20 个传承保护基地，包括宁夏文化馆、永宁纳家户回乡文化园、吴忠市东塔寺乡穆民新村等。这些基地不仅为花儿传承人提供了培训和展示的场所，还通过组织传习班和集中讲座，促进了花儿艺术的传承与交流。

(八) 花儿教材与教育资源的建设

花儿的传承不仅依赖于口口相传的传统方式，还需要系统化、规范化的教材支持。宁夏在花儿教材编写方面也做出了积极努力。2007 年，宁夏教育厅在骨干音乐教师培训时推出了《宁夏校园花儿教程》雏形。2012 年，《花儿综艺》正式出版，为学校师生及花儿爱好者提供了综合性、系统性的学习资源。许多学校还根据自己的情况，编写了音乐校本课程教材，如《花儿的浅释与赏析》和《绽放的花儿》，通过这种方式，学生能够更加全面地了解花儿艺术。

通过上述多维度的传承与创新路径，宁夏回族花儿在当代社会语境中呈现出勃勃生机，不仅有效延续了其作为传统民间艺术形式的生命力，也逐步转化为区域文化认同的重要象征。在数字化技术的介入、教育系统的嵌入式传承、文化空间的拓展以及跨媒介与国际传播等多重机制的共同作用下，花儿艺术的表现形态与传播路径日益多样化，文化内涵也不断被重新解读与激活。

第五节　内蒙古自治区鸿茅药酒配制技艺传承创新研究

一、概述

鸿茅药酒配制技艺历史悠久，蕴含深厚文化内涵，是蒙汉医药文化融合的结晶，同时也是企业创新传承和发展中华药酒文化的重要成果。1983 年注册“鸿茅”商标，并申请多项工艺专利，受《中华人民共和国专利法》《中华人民共和国商标法》保护。1987 年鸿茅药酒被评为内蒙古自治区优质产品和自治区地方名牌产品。2006 年，中华人民共和国商务部授予鸿茅药酒“中华老字号”称号。2008 年，内蒙古自治区凉城县建立“鸿茅文化馆”及非遗体验中心。2011 年，原国家工商行政管理总局认定鸿茅药酒为“中国驰名商标”。2012 年，“红毛”(即“鸿茅药酒”)经原国家工商总局商标局核准，正式核准注册为中国地理标志证明商标。2014 年“鸿茅药酒配制技艺”被列入第四批国家级非物质文化遗产代表性项目名录。项目序号为 443，项目编号为Ⅸ-4，项目类别为传统医药，申报地区为凉城县，保护单位为鸿茅药酒文化研究会。2016 年 12 月 28 日，“鸿茅药酒”被原国家质检总局批准为地理标志产品保护。图 4-11 和图 4-12 分别为内蒙古鸿茅药业有限责任公司产品鸿茅健酒与鸿茅肽酒。

图 4-11　鸿茅健酒

图 4-12　鸿茅肽酒

二、历史渊源

(一) 起源与早期发展(1739—1948 年)

鸿茅药酒起源于清乾隆四年(1739 年)。[29] 由于其产地位于内蒙古的鸿茅古镇，便得名“鸿茅药酒”。当时，蒙古族居民居住条件简陋，气候寒冷潮湿，许多人常患风寒湿痹、关节疼痛及四肢麻痹等疾病。山西榆次的草药师王吉天在内蒙古凉城县创制了鸿茅药酒。凉城县位于内蒙古自治区中南部，隶属于乌兰察布市，西邻呼和浩特市，南界山西省，拥有 6 千多年的悠久历史，并且具有丰富的药材资源和地下水资源。在清代，凉城是通往归绥的“走西口”重要一站，草原文明与中原文明在此交汇融合，形成了独特的多民族文化积淀。王吉天所创的鸿茅药酒及其传统酿造工艺，正是这一地方文化特色的生动体现与传承。

1830 年(道光十年)，第五代传人将鸿茅药酒献给朝廷，并被钦定为宫廷贡酒，品牌声名大噪。到了 20 世纪 30 年代，鸿茅药酒的年产量已达千吨，雇员超过 200 人，包装规格多样，售价高昂，并远销外蒙古，被当地人称为“力敌希地泰”(神力之酒)。

在抗日战争和解放战争时期，鸿茅药酒也被送往延安，作为中共“七大”的献礼，中央领导赞誉“南有茅台，北有鸿茅”，进一步巩固了其在国内的声誉。

(二) 计划经济与公有化阶段

1948 年，凉城解放后，地方政府接管了鸿茅酒的生产，并继续进行生产，但规模有所缩减。1956 年，鸿茅药酒的秘方被收归公有，1958 年恢复生产，到 1963 年年产量已达到 3000 吨。1971 年，鸿茅酒厂被改建为国营凉城鸿茅酒厂，开始引入现代化技术改进生产工艺。1983 年，鸿茅药酒注册了商标“鸿茅”，并于1987年通过了OTC（非处方药）认证，进一步增强了品牌的市场认知度。

（三）市场化改革与品牌复兴

1992年，鸿茅酒在国家药品规范下更名为“鸿茅药酒”，并于1997年通过GMP（良好生产规范）认证，逐步建立现代企业制度。2003年，鸿茅酒厂启动了品牌年轻化战略，聘请了陈宝国、德德玛等明星代言，强化了其“品质、疗效、文化”的老字号形象。

为了更好地传承文化，2008年鸿茅酒厂建立了行业内首家文化馆，2009年举办了首届“鸿茅文化节”，展示了传统工艺与历史，推动了文化与旅游的融合。至2009年，鸿茅药酒的销售网络已经覆盖全国所有省级市场，并成功出口蒙古国，年销量接近历史峰值。

（四）资产重组与战略升级

2006年，乌兰察布市政府牵头引入民营资本，鲍洪升等企业家全资收购了鸿茅实业，推动了企业的重组与发展。企业制定了“百年鸿茅复兴战略”，聚焦药酒主业，力求打造一个具有高文化附加值和市场占有率的行业标杆品牌。

2007年，鸿茅药酒推出了新包装的产品，迅速在市场上取得突破，半年内市场占有率和销售增长率跃居行业第一，实现了扭亏为盈。同时，还规划了多元化产品线（如保健酒、养生白酒等），并开始布局全球市场，推动中医药文化的国际化。

三、制作工艺

鸿茅药酒的制备共有“选药、炮制、另煎、鼎合、封坛、泉浸、地养、茅缩”八道工艺流程。旨在最大限度地保留药材中的活性成分，促进多种药物成分之间的协同增效，从而提升整体治疗效能与生物利用度。

（一）选药

精选67味中药材，涵盖补气（人参）、活血（红花）、祛风（豹骨）、温肾（肉苁蓉）等功效类别。药材遴选严格遵循中医传统的“君臣佐使”原则，通过主次分明、协同有序的配伍结构，实现药效的相互促进与毒副作用的相互制衡。

（二）炮制

药材在使用前需经过传统炮制工艺，如炒、炙、煅、蒸等，这一过程能够去除药材中的毒性并增强其药效。例如，豹骨通过砂烫至酥脆，以增强其祛风通络的功效；肉苁蓉则以黄酒蒸制，提升其补肾益精的作用。

（三）另煎

对于一些贵重药材，如人参和鹿茸，需单独煎煮，以提取其有效成分。这一过程避免了多药材共煎导致的成分互抑或损失，确保皂苷类、多糖类等活性物质高效提取。

（四）鼎合

将不同药材煎煮后的药液按比例混合，并加入优质基酒（酒精度≥50%vol）及辅料（赤糖、冰糖、红曲），通过恒温（45~50℃）搅拌促进成分融合，形成稳定复合体系，确保药性充分融合。

（五）封坛

药液注入陶坛密封发酵，利用陶器微孔透气性促进酯化反应，生成芳香类物质，奠定酒体风味基础。这一过程进入药酒的自然发酵阶段，为后续的药效提升和口感调和奠定基础。

（六）泉浸

陶坛埋入凉城古泉水（pH7.2~7.8，含锶、偏硅酸等矿物质）中浸渍3~6个月，借助恒温（10~15℃）环境稳定药酒分子结构，进一步加深药酒的稳定性与药效。

（七）地养

在泉浸后，药酒转入地下酒窖（温度12~18℃，湿度70%~80%）陈酿2~5年，延缓氧化反应，促使酒体醇化、药性温和化。这一过程使酒体更加醇厚，药效更加温和。

（八）茅缩

经茅草层过滤去除悬浮颗粒，再通过低温（<40℃）减压浓缩工艺富集药效成分，最终成品呈胭脂红色，酒香浓郁，药性协调。

鸿茅药酒八步古法工艺兼具传统经验与现代科学性，其多步骤协同作用机制与严格质控体系，为传统药酒现代化提供了范式。

四、组方

鸿茅药酒的组方包括：制何首乌、地黄、白芷、山药（炒）、五倍子、广藿香、人参、桑白皮、海桐皮、甘松、独活、苍术（炒）、川芎、菟丝子（盐炒）、茯神、青皮(炒)、草果、山茱萸(去核)、附子(制)、厚朴、陈皮、五味子、牛膝、枳实(炒)、高良姜、山柰、款冬花、小茴香(盐炒)、桔梗、熟地黄、九节菖蒲、白术(炒)、槟榔、甘草、当归、秦艽、红花、莪术、莲子(去心)、木瓜、麦冬(去心)、羌活、香附(炒)、肉苁蓉、黄芪、天冬、桃仁、栀子(炒)、泽泻、乌药、半夏(制)、天南星(制)、苦杏仁(去皮、尖)、茯苓、远志、淫羊藿(炒)、三棱(醋制)、茜草、砂仁、肉桂、白豆蔻、红豆蔻、荜茇、沉香、豹骨、人工麝香、红曲。辅料为白酒、红糖、冰糖。[30]

五、生产标准

鸿茅药业的质量管理体系是根据 2010 版 GMP 的要求，参照欧盟 GMP 标准建立的标准体系。在 GMP 标准基础之上，鸿茅药业还正式取得 ISO 9001 质量管理体系认证证书、ISO 14001 环境管理体系认证证书以及 ISO 45001 职业健康安全管理体系认证证书。

鸿茅药业已经建成产学研一体的企业创新技术体系，企业研发中心正在逐步升级建设国内首家药酒类中药工程技术研究中心，“提高中药提取率、提高中药生物利用度、提升中药安全性、提升中药均一性和均匀性”等创新技术获得 6 项国家专利。[31]

六、创新传承现状

内蒙古鸿茅药业有限责任公司位于内蒙古自治区乌兰察布市凉城县鸿茅镇，是一家集生产、科研、营销与服务于一体的现代化中药制药企业，长期专注于中医药酒的研发与产业化推广。该公司坐落于燕山—太行山集中连片特困地区，凉城县亦曾为革命老区，2019 年成功脱贫，退出自治区贫困旗县序列。从历史脉络上看，鸿茅药业的渊源可追溯至清乾隆四年(1739 年)，当时设立于凉城县的“崇德堂”医馆为鸿茅药酒的最初发源地，标志着其传统制药技艺的初步形成。新中国成立后，1962 年企业被改制为地方国营单位，在计划经济体制下继续延续传统药酒的生产。然而，受多重因素影响，企业曾数度陷入困境，至 2006 年更一度面临停产危机，鸿茅药酒这一延续近三百年的传统经典方剂濒临失传，反映出传统中药酒产业在现代化转型过程中的脆弱性与紧迫性。在重组后，鸿茅药业经过十余年的艰苦发展，成功转型为全国知名的少数民族地区医药企业，成为凉城县脱贫攻坚和自治区民营经济发展的典型代表。作为内蒙古自治区最大的中蒙药生产企业之一，鸿茅药业积极推动中药种植基地的建设，扩大地方就业，并促进区域文化旅游产业的发展。公司不断创新技术，设立了企业技术中心，培养了一支结构合理的专业人才队伍，并建立了完备的质量管理体系。企业多次通过药品 GMP 认证、药品经营 GSP 认证及基酒生产企业 SC 认证。2014 年，鸿茅药酒的配制技艺被列入《国家级非物质文化遗产代表性项目名录》。鸿茅药酒自 1739 年创制以来，已有近三百年历史，曾是清代的皇家贡品和民国时期的绥远名产，并在 20 世纪七八十年代远销 20 多个国家和地区。如今，鸿茅药酒已成为中国中成药领域的代表性品牌之一。

鸿茅药酒作为中国药酒行业的重要代表，始终秉持“匠心传承、科技赋能”的核心理念，致力于在继承传统酿造技艺的基础上不断推动技术革新与产业升级。其制酒技艺的创新发展主要体现在传统工艺与现代科技的融合、硬件与软件的协同升级以及文化传承与产业融合三个方面。

（一）传统工艺与现代科技的融合

鸿茅药业在秉持传统“八步古法”酿制技艺的基础上，积极引入现代制药技术与工艺优化手段，推动传统药酒的现代转型。

在工艺技术创新方面，鸿茅药业采用了低温粉碎、微热动态提取及恒温浸渍等先进技术，以提升药材有效成分的保留率与提取效率。此外，鸿茅药业还通过恒温储藏系统模拟“泉浸”“地养”的传统环境条件，借助温度控制设备维持酒体的稳定性，从而保证了药效的持续性与一致性。

在质量控制体系方面，鸿茅药业建立了涵盖原料采购、生产加工、成品检验等环节的全过程质量追踪机制。通过高效液相色谱（HPLC）、药物指纹图谱等现代检测技术，确保每一批次产品在成分、剂量与安全性方面达到高标准要求。质量控制中心配备有气相色谱仪、液相色谱仪及原子吸收分光光度仪等高精度分析设备，检测能力位居行业前列。

在管理体系方面，鸿茅药业已全面引入“6S”精益管理、卓越绩效管理模式，并借助 ERP 系统实现了从质量控制、生产计划到仓储物流的全链条信息化管理。公司亦参照欧盟药品 GMP 标准制定质量管理方针和年度改进目标，从制度层面保障质量管理体系的持续优化与有效运行。

（二）硬件与软件的协同升级

为了进一步提升企业的技术支撑能力，鸿茅药业持续加大对硬件设施的投入与升级。公司配备了如百万分之一微量天平等高精度检测设备，有效提高了实验数据的准确性与稳定性。同时，企业技术中心积极建设国家级药酒类中药工程技术研究平台，旨在打造集科研、试验与成果转化为一体的技术创新高地。此外，鸿茅药业将质量管理理念贯穿于产品研发、原材料筛选、工艺控制、成品检验以及市场销售的全流程，通过闭环管理机制保障产品质量的稳定输出。企业还与多家高等院校和科研机构合作，持续开展中药复方的二次开发与关键工艺技术攻关，为产品迭代与产业升级提供坚实的科技支撑。

（三）文化传承与产业融合

鸿茅药酒的酿造技艺于2014年被列入国家级非物质文化遗产代表性项目名录，标志着其传统工艺在国家层面获得了重要认可。为更好地实现非遗技艺的活态传承与公众传播，企业积极构建文化传播平台，设立鸿茅药酒文化馆并定期举办"鸿茅文化节"等文化活动。通过展示非遗酿造技艺与道地药材的结合，增强了公众对中医药文化内涵的理解与认同。

2024年，鸿茅药业在乌兰察布冬季文旅（北京）推介会上集中展现其非遗工艺与品牌形象，并通过药酒品鉴、中药香囊制作等互动环节，进一步扩大了中医药文化的社会影响力。与此同时，作为凉城县的代表性地理标志产品，鸿茅药酒已深度融入当地文化旅游产业发展格局。地方政府借助其品牌价值，策划推出以鸿茅药酒为核心的冬季文化旅游精品路线，推动文旅资源共享与协同发展，在增强文化自信的同时，为区域经济注入了新的增长动能。

综上所述，通过传统技艺与现代科技的融合，鸿茅药酒不仅在制酒工艺上实现了创新，还通过文化传承和产业融合，推动了地方经济和文化的发展，展现了中医药文化的独特魅力和广阔前景。

第六节　陕西省民间社火传承创新研究

一、概述

陕西民间社火，作为中国非物质文化遗产的重要项目，于2006年被列入第一批非物质文化遗产名录，项目编号为X-54，类别为"民俗"。该项目源自陕西省，特别是在宝鸡市地区具有深厚的文化底蕴。陕西民间社火是一种传统的民间艺术形式，通常出现在春节和庙会等节庆活动中，结合了舞龙舞狮、秧歌、踩高跷等表演，富有浓厚的民俗特色。宝鸡市群众艺术馆(宝鸡市非物质文化遗产保护中心)负责其保护与传承工作，确保这一传统艺术形式得以有效保存和延续。图4-13为陕西省宝鸡市陇县社火巡游活动。图4-14为社火队成员脸上绘制的具有当地特色的疙瘩脸谱。

图4-13 陕西省宝鸡市陇县社火巡游活动

图4-14 疙瘩脸谱

二、历史渊源

社火作为中国传统民俗活动的重要组成部分，其起源可追溯至远古时期，并在漫长的历史演进中逐步发展、丰富并趋于成熟。作为中华文明的发源地之一，陕西地区凭借其深厚的农耕文化传统和独特的地域文化氛围，为社火的形成与演化提供了丰沃的土壤。需要指出的是，社火并非在特定历史节点或地域中突然出现的单一文化现象，而是中华民族数千年社会生活和宗教信仰逐步积淀的产物，其内涵深受多种文化元素的影响，展现出高度的历史连续性与文化多样性。

从本源上看，社火的文化意涵与上古时期人类对土地与火的自然崇拜密切相关。[32]在农耕社会中，土地被视为人类赖以生存的根基，而火则象征熟食、取暖与生命力，两者在原始社会的认知体系中被赋予了神圣属性。在这一语境下，古人基于“物有灵性”的原始思维模式，对火焰产生敬畏，并逐渐形成了以祭祀为核心的仪式体系。据研究，“社”即土地神，“火”则为火神，社火的名称即由此而来，亦俗称为“射虎”，寓意以阳刚正气驱逐邪祟，祈求风调雨顺与太平祥和。[33]

宝鸡地区的社火文化尤为悠久，该地区的社火活动最早可追溯至石器时代的原始宗教舞蹈。商周时期的“傩舞”被认为是社火的早期形态，主要承担驱鬼逐疫、祈福禳灾等宗教职能；至秦汉时期，随着社会制度与文化娱乐的逐步发展，社火演变为包含更多娱乐性内容的“杂戏”；至唐宋时期，“射虎”之名逐渐普及，表演形式也日趋多样化；而至明清时期，正式定名为“社火”，成为一种民俗文化形态，其内容与组织结构日臻完善。[34]

随着时代更迭与社会结构的演化，社火逐渐摆脱了早期单一的祭祀功能，演进为集宗教仪式、民间表演、艺术展示与群众参与于一体的综合性民俗活动。尤其是在春节期间，社火成为民众自娱自乐、表达情感与祈愿安康的重要文化形式，深受广大群众喜爱。

三、分类

陕西民间社火是富有地方特色的传统文化形式，在陕西省的各个地区流传广泛，尤其在春节、庙会和其他传统节庆中具有重要的地位。根据表演内容、形式、时间、地域、文化功能等不同维度，陕西民间社火可分为多种类型，各具特色，展示了丰富的民间艺术和深厚的文化底蕴。

（一）根据表演内容分类

陕西民间社火在内容表现上具有极高的多样性，可以大致分舞龙舞狮、秧歌、踩高跷、文武阵、庙会戏剧、捏面人、花灯、民间小戏、道场法事等多个类别。其中，舞龙舞狮作为传统节庆中的代表性项目，广泛活跃于春节、元宵等重要节日及庙会场合，象征驱邪避灾与纳福迎祥。秧歌则以欢快的节奏、热烈的氛围反映农耕生活的丰收喜悦，常见于乡村集会与节庆活动中。文武阵通常包括道场阵和武士阵，带有明显的宗教与军事象征，体现民众对神灵的尊崇及对护佑安宁的期盼。此外，庙会戏剧、捏面人和花灯等也都是社火中重要的表演项目。

（二）根据表演形式分类

陕西民间社火可以分为“造型社火”和“表演社火”两大类。造型社火强调造型美与工艺展现，主要包括布社火、背社火、马社火、车社火、芯子社火、山社火、面具社火等多种形式。这些社火多以队列巡游方式进行，通过精美的造型与视觉造势给观众带来强烈的视觉冲击。相比之下，表演社火更侧重动态展演，如地台社火与高跷社火常在村落广场或空旷场地中进行，通过打斗、舞蹈、杂技等形式展现节庆的热烈氛围及参与者的技艺水准。两类社火相辅相成，既保留了传统的宗教与象征功能，又满足了现代社会对视觉审美与文化娱乐的双重需求。

（三）根据表演时间分类

陕西民间社火可以分为“昼社火”和“夜社火”两种类型。昼社火通常在白天进行，借助自然光线以增强整体视觉效果。例如马社火的铠甲光泽与车社火的彩绸装饰，都能够在白天的阳光下显得生动夺目。夜社火则通过灯火装置来营造氛围，常辅以火把、灯笼、焰火等照明手段，同时配合如“春官”之类的丑角串演，以增强神秘感与趣味性。其中，宝鸡陈仓区的“血社火”作为典型夜社火，通过表现《武松杀嫂》等伦理题材，形成强烈的视觉冲击和道德教化效应，体现出社火在社会伦理构建中的潜在功能。

（四）根据地域特色分类

陕西各地社火在表现形式与审美取向上各具特色。关中地区以芯子社火著称，其以高难度的悬空造型表演见长，代表性地区包括西安、咸阳等地。宝鸡、渭南一带盛行马社火，骑手列阵、战阵模拟，以叙述历史英雄人物事迹为主。陕北地区的社火融合了陕北秧歌的韵律与舞蹈元素，展现出浓郁的农耕文化气息和民众生活的原生态质感，诸如“转九曲”灯阵形式，更将传统祈福意蕴融于大型迷宫式灯阵之中。陕南地区的花鼓社火融合花鼓戏的唱腔与身段，通过歌舞展演民间故事；龙灯社火则依托龙舞形式，结合彩灯与鼓乐，表现水乡文化特质，充分展现出地域文化的多元融合与艺术延伸。

（五）根据文化功能分类

依据不同的文化功能，陕西社火可分为“祭祀性社火”与“娱乐性社火”两大类。祭祀性社火具有明显的宗教与仪式属性，如“火祈雨社火”通常以龙王、雷神等神祇为表演核心，体现民众对风调雨顺的期盼；“驱邪社火”借助面具化妆与武术动作，象征性地驱逐邪祟；“血社火”以暴力表现的方式传达惩恶扬善的伦理理念。娱乐性社火则多服务于节庆娱乐和民众参与，如春节期间的高跷社火、秧歌社火等，以欢庆为主题，营造欢乐热烈的节日氛围。

四、题材内容

陕西民间社火在长期发展过程中积淀了丰富多样的题材资源，大致可归纳为以下四种题材。

（一）历史与传说题材

历史故事和英雄人物常常是陕西民间社火的核心题材。例如宝鸡陈仓区的“血社火”，以《水浒传》中的武松杀西门庆的故事为原型，通过精心设计的道具和表演，展现了惩恶扬善的主题。此外《西游记》《封神榜》等神话题材亦广泛存在于社火中。通过夸张的人物造型和生动的表演手法，将经典故事以通俗易懂、富有趣味的形式展现出来。

（二）民俗与生活题材

陕西民间社火的另一个重要题材是本地的民俗和农耕文化生活场景。以春节、元宵等传统节庆为背景的社火活动中，丰收、耕作、祭天、祈雨等场景常被艺术化演绎，体现了人们对土地的依赖以及对丰收的期盼。例如，“地社火”常以模拟田间劳作为表现手法，真实地再现农民播种、收割等劳动场景，反映出对土地的依赖和对丰年吉祥的祈愿。

（三）宗教与信仰题材

陕西民间社火与宗教信仰密切相关，许多社火表演都涉及祭祀仪式和宗教故事。如祭祀社火通常以龙王、雷神等神话人物为主角，通过模拟神灵驱动自然的行为，祈求风调雨顺和农田丰收。驱邪社火则以面具与武打表演为主要形式，象征性地进行“驱邪镇妖”，维护村落秩序与人神和谐。此外，佛教、道教等宗教故事如《目连救母》《八仙过海》等，也是社火表演的重要题材。此类表演通过视觉化、情节化的叙述传达教义伦理，在潜移默化中增强民众的宗教情感与道德意识。

（四）现代创新题材

近年来，陕西民间社火的题材逐渐融入现代社会元素，如“乡村振兴”“抗击疫情”等，通过传统表演形式表达人们对当代社会的关注与期许。此外，陕西民间社火还尝试与其他地域文化进行互动，如与潮汕英歌舞同台表演，打破地域界限，实现民间艺术的跨区域文化融合，彰显了传统文化在当代语境下的开放性与包容性。

五、文化内涵

陕西民间社火作为一种独特的民间艺术形式，不仅仅是传统节庆期间的重要娱乐活动，更是承载深厚文化内涵与社会价值的文化现象。陕西民间社火的文化内涵主要表现在以下四个方面。

（一）农耕文明与自然崇拜的活态映射

社火起源于远古社会人们对土地与火的原始信仰。[35]在传统农耕社会中，土地是生存之本，火是文明之源，二者共同构成了社火的核心精神象征。人们通过社火活动中的祭祀仪式向上天祈求风调雨顺、五谷丰登，表达出人类对自然的敬畏与感恩，也体现出“天人合一”的宇宙观。

（二）伦理教化与社会秩序的具象呈现

陕西民间社火作为一种集体性的民间表演艺术，不仅承担娱乐与庆典功能，更是伦理教化与社会规范传播的重要媒介。社火可以通过色彩分明的脸谱设计和人物造型构建出一套明确的视觉道德符号系统：红色代表忠勇，白色象征奸诈，黑色寓意刚正，黄色指代残暴。这种基于形象化叙事的价值传递机制，使观众在沉浸于表演的同时潜移默化地接受传统伦理观念的熏陶。例如，宝鸡的“血社火”以《水浒传》中武松复仇的故事为题材，展示了通过惩恶扬善来维护社会正义的观念，警示人们勇敢抵制邪恶。

社火的表演往往需要大量的参与者共同完成，从脸谱绘制、道具制作到队列编排，每个参与者的角色虽有所不同，但都在整体中发挥着独特作用，共同构建出和谐统一的艺术整体，生动地体现了“和而不同”“各得其所”的儒家秩序观。

（三）多元技艺的复合表达

陕西民间社火是一场集绘画、雕塑、服饰、舞蹈、音乐等多种艺术元素为一体的综合艺术盛宴，展现了民间艺术的独特魅力。如宝鸡社火的脸谱艺术，通过日月纹、旋涡纹等图案构建出独特的美学体系，不仅具有强烈的装饰韵味，也具有高度的象征性，被誉为“行走的民间美术馆”。此外，高跷社火以其高难度的动作技巧彰显力量美；地台社火通过武打与阵法展示阳刚之气；秧歌社火则以节奏律动表现柔美之韵；陇州社火融合秦腔武戏，形成独特的戏曲与民间艺术交织的表演形态，这些多元化、复合型的技艺融合，不仅提升了社火的艺术层次，也强化了其作为文化表征的复杂性与完整性。

（四）文化认同与创新活力

随着社会现代化进程的加快，陕西民间社火在保留传统艺术精髓的基础上，积极探索现代转型路径，为陕西民间社火赋予了新的生命力。如宝鸡社火博物馆引入三维扫描技术，对社火道具、脸谱进行高精度建模，建成“数字社火资源库”，馆内设置 VR 体验区，观众可通过虚拟交互观看《封神榜》主题社火表演，并参与“社火脸谱 DIY”数字互动项目；“非遗进校园”“非遗进社区”等公共文化项目的推进，不仅扩大了社火的传播范围，也增强了年轻一代对本土文化的认同感与参与度；宝鸡市通过打造“中国社火之乡”，将社火与旅游产业融合，创造沉浸式体验项目，吸引了大量游客参与。

六、社会作用

陕西民间社火作为一种独特的民间艺术形态，不仅是传统节庆中的重要活动形式，更是具有增强社会凝聚力、促进社区和谐，传递伦理道德、强化社会责任感，弘扬传统文化、增强文化认同，促进精神文明建设、提升社会风气等重要作用。

（一）增强社会凝聚力，促进社区和谐

民间社火表演以社区为基础，其组织、筹备与演出过程高度依赖基层群众的广泛参与。无论是舞龙舞狮、秧歌、踩高跷、脸谱绘制等哪个环节，都需要社区成员之间的密切协作与共同努力。这种群体性活动不仅增加了社区成员之间的互动与合作，也促进了邻里之间的情感交流和文化认同，缓解了现代城市生活中日益突出的社会隔阂与人际疏离，增强了社会的稳定性。

（二）传递伦理道德，强化社会责任感

社火表演中的人物设定、色彩象征与情节构建通常具有鲜明的道德指向性。例如，红色脸谱象征忠诚与勇敢，黑色代表刚正不阿，白色象征奸诈狡猾，黄色则往往代表专横与暴虐。这些符号化的形象不仅增强了表演的视觉冲击力，也通过寓教于乐的方式潜移默化地向大众传递着伦理道德观念，强化了大众的社会责

任感，推动社会风气向善向上。

（三）弘扬传统文化，增强文化认同

陕西民间社火作为地方传统文化的重要组成部分，承载着丰富的历史记忆和文化积淀。在现代社会快速发展的过程中，传统文化正面临着消逝的风险。而社火可以通过再现历史故事、演绎民间传说、传达地方风俗、保存大众对于地域文化的记忆，加深参与者对传统文化的理解与情感连接，增强大众对于民族文化的自信心。

（四）促进精神文明建设，提升社会风气

社火的社会功能不仅体现在文化与道德层面，对精神文明建设也会产生积极的影响，在提升社会风气方面具有独特作用。在社火表演中，演员通过戏剧化的艺术手段，将日常生活中的伦理困境、情感冲突等社会议题通过夸张的动作、丰富的表情和戏剧性的情节表达出来，使观众在欣赏的过程中获得心理上的共鸣和精神上的慰藉。这种艺术体验不仅起到了情绪疏导的作用，也营造了积极健康的社会氛围。

七、代表性传承人

赵广财是“栎阳马踏青器山社火”的国家级代表性传承人。栎阳马踏青器山社火是陕西省民间社火最复杂特殊的一种形式，仅分布于临潼栎阳镇西堡村，由马踏青器山、秧歌、锣鼓、竹马、大头娃、高跷等表演形式组成。其历史可追溯至约200年前，赵氏家族代代相传，赵广财所在的赵氏家族传承这门手艺，至今已有八代。

宋志荣为“户县社火”的国家级代表性传承人。户县社火历史悠久，可追溯至春秋战国时期，如今表演时间多在春节期间，以元宵节表演古典喜剧为主，是大型广场民间表演艺术。其中名气最大的高台芯子社火，具有高、险、妙、悬的特点。[36]宋志荣作为传承人，为解决社火传承问题，2008年与另外两位传承人曹静香、何东继共同努力，将社火表演场景还原成微缩模型。2009年微缩社火在户县文庙广场展出，引起轰动。历经十多年，他们已制作七八百幅作品、六千多个微缩社火人物，微缩社火成为户县社火标志性招牌。

吴富来作为“宝鸡民间社火”的国家级代表性传承人，对血社火技艺的传承与发展作出了突出贡献。血社火作为宝鸡社火形式中最具代表性的类别之一，以其独特的惊悚表现风格与深厚的文化内涵在众多民间艺术形式中脱颖而出，具有

鲜明的地域特征与审美价值。吴富来所在的赤沙镇是血社火的重要传承地之一，当地多以《水浒传》中“武松为兄复仇，怒杀西门庆”等经典情节为题材，通过逼真的“血腥”场景表达惩恶扬善的主题。吴富来全面掌握血社火从筹备到演出的各个关键环节，凭借多年的实践积累，形成了一套系统而成熟的技艺体系，并在表演中注重情节与视觉表现的结合，使血社火在现代语境下依然保有强烈的艺术感染力和社会影响力。

权道生为“陇州社火”的国家级代表性传承人。陇县有“中国社火文化之乡”之称，耍社火历史超 2000 年，发展出 20 多种社火类别，如马社火、背社火等。权道生在陇州社火传承中发挥重要作用，对各类社火形式的表演和传承有深入研究和实践，积极参与社火表演活动，培养年轻一代社火艺人。

李俊芳为“洋县悬台社火艺术”的国家级代表性传承人。他出生于社火艺术世家，其家族与洋县悬台社火的渊源深厚。在浓厚的家庭文化氛围熏陶下，李俊芳自幼便与悬台社火结缘，对其制作与表演技艺展现出极高的天赋和热情。洋县悬台社火因其表演形式特殊而对结构工艺提出了极高要求，尤其是梁架构造与底座配重必须严格遵循力学原理，以保障整体装置的安全性与表演过程的稳定性。在此方面，李俊芳积累了深厚的实践经验，能够熟练掌握包括悬台社火梁架搭建、芯子制作等在内的关键工序，并不断优化工艺流程，提升整体表演效果与技术水平。此外，李俊芳终身致力于将悬台社火的技艺和文化传承给下一代，在他的悉心教导下，其子李建中也成了“洋县悬台社火艺术”的国家级代表性传承人。

八、创新发展现状

陕西民间社火作为黄河流域农耕文明活态遗存的典型代表，历经数千年的历史传承，在当代文化生态中展现出了强大的生命力。面对全球化与数字化的双重挑战，陕西民间社火通过系统性创新实践，成功实现了从乡土仪式性表演向文化符号与 IP 化发展的跨越，构建了“非遗+”的创新发展范式。

宝鸡市陈仓区的社火历史悠久，在创新发展方面，陈仓区做出了诸多努力。陈仓区将社火列入《10 年民俗文化保护项目》，编制相关保护计划并列入“十四五”发展规划，制定一系列传承、保护等制度。持续加大资金投入，建成六座各具特色的民间社火展览馆(传习所)以及非物质文化遗产数据库。其中宝鸡民间社火博物馆与大中专院校、少年宫等合作，培养了大批社火传承人才。同时，每年春节固定举办社火游演活动并表彰优秀队伍，近几年宝鸡民间社火艺术团开展各类活动180场次(含线上)，服务群众130万人次。还打造了陈仓民间非遗研学实践体验精品路线，以社火为核心带动了当地非遗研学旅游发展。

此外，宝鸡市陈仓区把社火脸谱绘制技艺作为特色传统文化产业重点培育。以秦之雅艺术品公司为代表的民营企业与大专艺术院校深度合作，设计研发出十二生肖创意手绘系列水杯、钦生活创意产品等具有社火脸谱元素的系列文化衍生品。社火脸谱绘制艺人薛亚兵研发的社火脸谱系列文创产品荣获诸多荣誉，如优秀传承人展演奖、山花奖等。这不仅让社火文创产品走进大众生活，还吸引了大批年轻人加入非遗文创产品制作研发行列。

以区剧团为基础成立宝鸡民间社火艺术团，聘请专家对社火进行改造提升。吸收融合高跷社火、秧歌、锣鼓等表演艺术精华，从服装设计、舞姿队形编排、音乐伴奏等多方面打磨，打造出品牌项目《天地社火》。该节目不仅登上北京奥运会开幕式暖场演出，还在2015年、2018年参加在咸阳国际机场欢迎印度总理莫迪、法国总统马克龙的相关外事活动，并出访德国柏林、泰国曼谷等30多个国家和地区，成功让陈仓社火"火出圈"。

陇州社火起源于祭祀、傩舞，距今已有两千多年历史，有马社火、高芯、挈社火等20多种形式，其脸谱有108种，居全国各类民间社火脸谱之冠，陇县被誉为中国社火文化之乡。陇县推动社火与文旅商体相融合，助力社火文化产业创新发展。先后组建社火产业化机构5个，各类演艺人员近千人，编排演艺节目50多个。在陕西西安大唐不夜城、贵州绿博园、浙江象山等景区和影视基地进行商业化演出，促进社火迈向产业化发展道路，带动了文旅商体产业融合。陇县注重非遗人才培养，举办各类培训活动，并组织春节线上直播活动。创新编排一批既具有民俗特色又适应现代人需求，适合在舞台、广场、踩街等不同场所演出的社火节目，深入挖掘社火文化内涵，通过线上线下多种方式弘扬陇州社火非遗文化。

第七节　山西省清徐老陈醋酿制技艺传承创新研究

一、概述

山西清徐老陈醋是中国四大名醋之一，主产地在清徐县内孟封、清源、徐沟、西谷等乡镇。[37]清徐老陈醋酿制技艺历史悠久，工序独特，是山西传统酿醋工艺的杰出代表，于2006年被列入第一批国家级非物质文化遗产代表性项目名录，项目编号为Ⅷ-61，类别为“传统技艺”。该项目源自山西省清徐县，保护单位为山西水塔醋业股份有限公司。目前，清徐有6万余亩高粱种植基地，已建成紫林醋工业园和宝源老醋坊两大国家级AAAA旅游景区，拥有“水塔”“紫林”和“东湖”三个中国驰名商标与“东湖”“来福”两个“中华老字号”，获得了“山西老陈醋”地理标志产品认证及16家专用标志产品的认证。此外，清徐紫林醋业和水塔醋业也相继被认定为省级企业技术中心，已经初步形成以紫林、水塔、美锦为龙头的产业集群，产品不仅畅销全国，还远销澳大利亚、加拿大、美国和日本等国家。[38] 2022年9月，“清徐老陈醋专业镇”被列为山西省首批十大省级重点专业镇，从此老陈醋迎来了新发展。图4-15～图4-17分别为“水塔牌”醋中王、“紫林牌”六珍醋、“紫林牌”东湖八年。

图4-15 “水塔牌”醋中王

图4-16 “紫林牌”六珍醋

图4-17 “紫林牌”东湖八年

二、历史渊源

清徐老陈醋的酿造历史可追溯至公元前700多年的春秋战国时期，当时清徐人便以液态发酵方式用缸、瓮酿醋，这种技艺一直延续。西汉时，清徐出现商业性酿醋作坊。北魏时期，酿醋技艺从液态发酵改为固态发酵，为清徐老陈醋独特风格的形成奠定基础。明洪武元年(1368年)，太原府梗阳县(现清徐县)“美和居”醯坊发明“熏蒸法”，使山西老陈醋生产工艺初步定型。[39]清顺治年间(1644—1661年)，介休人王来福首创将发酵好的醋醅用炉火熏烤，糖化成焦糖色再淋制，增加熏香味，并采用“夏伏晒、冬捞冰”的隔年陈酿工艺，使醋味更浓、风味更好，“老陈醋”之名由此而来，该工艺后来被广泛应用。

三、清徐老陈醋的原料

制作老陈醋的主要原料是高粱和用豌豆、大麦制成的大曲。老陈醋原料的配方，一般是高粱100斤，大曲50斤，谷糠60斤，麦麸30斤，食盐5斤，花椒4两，可生产大约250斤淋醋。清徐老陈醋酿造的工序里，蒸坯、发酵时间都比其他地区长。在“醋化”时，将经过发酵的原料，配上适当的谷糠、稻壳、麦麸皮、食盐以及花椒，经过复杂的酿造工序，才形成了清徐老陈醋“绵、酸、香、甜、鲜”的独特风味。清徐老陈醋选用的主要原料及其作用如表4-2所示。

表4-2　清徐老陈醋的主要原料及其作用

原料名称	作用
高粱	主要原料，淀粉含量高，为发酵提供充足糖分转化为醋酸等有机酸，赋予老陈醋醇厚酸味
大曲(豌豆、大麦制成)	关键发酵剂，含有丰富微生物和酶类，促进原料糖化和发酵，对老陈醋独特风味形成起重要作用
谷糠与麦麸	作为辅料，调节发酵物料透气性和水分含量，有助于微生物生长和代谢，增添独特风味
食盐	调节发酵过程，抑制杂菌生长，调味，使老陈醋口感更丰富
花椒	为老陈醋增添独特香气和风味，使其在酸醇基础上具有独特香麻味道

四、产品特色

山西清徐老陈醋外观呈黑褐色，色泽亮丽，将其滴入碗中时，醋液会均匀地附着于碗壁上，呈现“挂碗”现象。山西清徐老陈醋的香气浓郁且富有层次，集酿香、料香、醇香和酯香等多种香气于一体，即使未启封也可感受到其馥郁芳香，因此有“透瓶香”的美誉。山西清徐老陈醋的口感纯正而柔和，酸味适中，微甜爽口，回味绵长。尽管其酸度为五度，但酸味丝毫不刺喉，而是呈现出酸、甜、绵、香的综合风味，令人回味无穷。与一般食醋存放长时间后易变浑浊或腐化不同，清徐老陈醋随着存放时间的增加，香气与酸味愈加浓烈。即便因瓶盖密封不严导致水分蒸发，醋变成深色琥珀状的固体，将其用水冲泡后仍可恢复原有的鲜香。

五、工艺流程

如表 4-3 所示，山西清徐老陈醋的传统酿制工艺大致可分为六个步骤。第一步是蒸料熟化，将高粱磨成四六瓣，加入谷糠和适量的水，放入蒸锅中，每次蒸制至少需 2 小时。第二步是酒精发酵，首先进行 3 天的开口酒精发酵，接着在第 4 天用石板和布袋密封，进行 18 天的厌氧发酵。21 天后，酒精发酵完成。第三步将醇化后的酒醅转入醋醅间，进行醋酸发酵，约 15 天后，醋醅发酵成熟，酸香浓郁。第四步是熏醅，这是山西老陈醋特有的工艺，也是全球独一无二的过程。将成熟的醋醅放入熏缸，用火炕熏制，瓷盆覆盖，木锹翻动，经过 6 天的倒缸处理，使酯香、熏香和陈香完美融合，提升了老陈醋的醇厚香气。第五步为淋滤，即用煮沸的水过滤醋醅中的醋酸和其他有益成分，新醋通常在淋房中静置约 1 天。第六步是陈酿，在去除醋渣后的基础上，进行“夏伏晒、冬捞冰”的陈放过程，时间从 1 年到数 10 年不等。最终，通过 99.9℃的高温杀菌法，酿制出酸、香、绵、甜、鲜的老陈醋，回味悠长，口感独特。

表 4-3　山西清徐老陈醋传统酿制工艺流程

流程	原料	操作要点	时长
蒸料熟化	粉碎后的高粱、水	顶汽蒸料，使淀粉充分糊化	2 小时/次
酒精发酵	蒸熟高粱、红心大曲	接入大曲，搅拌均匀	21 天
醋酸发酵	酒精发酵产物、谷糠、麦麸、醋酸菌	添加谷糠、麦麸，接入醋酸菌，每日人工翻醅	12~15 天
高温熏醅	部分发酵好的醋醅	放入熏缸，采用火炕熏，瓷盆盖，木锹翻	6 天
高密度淋滤	熏醅和未熏的醋醅、清水	混合醋醅放入淋醋池，缓慢加清水淋滤	1 天
高标准陈酿	生醋	“夏伏晒，冬捞冰”，定期查看	1 年至数 10 年

六、功效

如表4-4所示，山西清徐老陈醋对人体健康具有诸多益处，如促进消化、抗菌消炎、降低血糖、软化血管等。但应适量食用，胃酸过多、胃溃疡患者或空腹时不宜大量食用，以免刺激胃黏膜。

表4-4 山西清徐老陈醋功效

功效	作用原理
促进消化	醋酸等有机酸刺激味觉神经，提高食欲，增加胃液分泌，促进胃肠蠕动
抗菌消炎	发酵过程产生多种微生物，能产生抗生素样物质，抑制多种病原菌
降低血糖	多种有机酸抑制体内糖分转化为脂肪，醋酸抑制肠道内淀粉酶活性，减缓碳水化合物消化吸收速度
软化血管	醋酸使胆固醇分解为胆汁酸排出体外，降低血脂水平，减少血液中钙盐沉积
抗氧化、抗衰老	含有维生素E、维生素C、多酚类化合物等抗氧化物质，清除体内自由基
缓解疲劳	有机酸促进糖代谢，分解体内疲劳物质
增强免疫力	含有丰富的氨基酸、维生素和矿物质，具有抗氧化作用，有助于提高机体免疫力，增强抗病能力
促进钙吸收	溶解食物中的钙质，促进人体对钙的吸收，帮助预防骨质疏松，特别适合中老年人和儿童食用

七、代表性传承人

武润威，山西水塔老陈醋股份有限公司总裁，山西省政协委员、山西省企业家协会理事、中国调味品协会常务理事，第一批国家级非物质文化遗产项目清徐老陈醋酿制技艺的代表性传承人。他作为山西水塔老陈醋公司的开创人、“中国醋都”的设计者、“天下第一醋”的酿制人，始终奉行“以质量求信誉，以信誉求发展”的企业宗旨，坚持“质量诚信、科技创新”的经营理念，实施名牌战略，把一个名不见经传的食醋小厂建设成拥有总资产3.9亿元、年产食醋10万吨、员工1200余人，全国规模最大、品种最多、市场占有率最高的山西老陈醋专业生产企业，打造了一个世界瞩目、魅力四射的中华水塔。

罗建纯，山西省紫林食品有限公司董事长，曾荣获“太原市优秀企业家”“太原市优秀青年企业家”等称号。作为清徐陈醋酿制技艺省级传承人，他展现出卓越的企业家精神与文化传承意识，带领紫林醋业不断发展。在传承清徐陈醋酿制技艺的过程中，他在坚守传统工艺的同时，采用自动化、信息化手段提升酿造技术水平，研发了“老陈醋智能化酿造一体机”，实现了“酵、熏、淋”工艺的一体化完成，使得紫林醋业的产量总体提升了 10.2%。此外，他还带领企业积极拓展线上销售渠道，通过电商平台让紫林醋产品销量大幅增长，不仅扩大了清徐老陈醋的传播范围，也有效促进了区域特色文化产品的现代转化与活态传承。

武峥兴，山西水塔老陈醋股份有限公司董事长。作为清徐陈醋酿制技艺省级传承人，他不断提高企业的研发能力与水平，使水塔醋业研发中心成为同行业研发权威。他投入巨资还原重建宝源老醋坊，在他的领导下，水塔醋业一直保持良好的发展势头，产品质量稳中有升，生产规模不断扩大，经济效益逐年提高，各项主要经济指标位居全国食醋行业领先地位。面对竞争激烈的市场环境，他积极领导公司依托资源、产业、技术优势，调整产业结构，加速推进股份化、科技化、品牌化、集团化转型，致力于把水塔醋业打造成国际知名品牌、中国醋业“航母”。2019 年 8 月，他被授予“第五届全国非公有制经济人士优秀中国特色社会主义事业建设者”。

王志刚，清徐陈醋酿制技艺省级传承人，在清徐陈醋酿制领域有着深厚的造诣与突出贡献。自 1994 年进入食醋行业以来，王志刚始终坚守在酿造第一线，二十余年来如一日专注于食醋酿造工艺的传承与创新，及其衍生产品的开发。他凭借丰富的实践经验，对清徐陈醋“蒸、酵、熏、淋、陈”五大工序所涵盖的 82 道工序烂熟于心。在推动技艺革新方面，王志刚不断探索传统与现代的融合路径，带领团队引入先进科技手段，对酿造设备与工艺流程进行系统优化，在充分保留清徐陈醋醇厚风味与特色的基础上，注重产品的营养价值与健康属性的提升，从而更好地契合当代消费者日益多元化的饮食理念，满足当代消费者的需求。

李圣云，山西省首届“晋醋大师”，山西紫林醋业股份有限公司生产技术部部长。自 1994 年起，他便投身于食醋行业，将理论与实践紧密结合，以深厚的专业素养和敏锐的技术视野，推动传统酿造与现代科技深度融合。他主持和参与了多项国家级与省级科研项目，取得 4 项国家发明专利，出版相关专著多部，发表学术论文数篇，荣获多项行业荣誉，成为清徐陈醋产业科技化、现代化进程中的中坚力量。他秉持“传承不守旧，创新不忘本”的理念，亲自指导学徒，培养创新思维与市场意识，为食醋行业培养了大量优秀人才。

刘长峻，山西省首届“晋醋大师”，现任山西省美和居老陈醋有限公司生产总监。自1983年起，他便在山西老陈醋(美和居前身)担任酿醋工，经过41年的实践，既精通传统工艺，又具备精准判断醋醅状态的技能。他还培养了12名技术骨干，并推动了工艺现代化改革，如研发增温系统和采用天然气燃烧炉，提升了环保水平与产品质量。他的卓越成就包括在多项国家级和省级竞赛中获奖，并被聘为调味品评委，为行业的发展作出了重要贡献。

王强，山西省首届“晋醋大师”，山西水塔醋业股份有限公司技术研发部经理，三级调味品品评师。自2013年加入公司以来，他经历了质检、车间管理到研发的多个岗位，屡获省级荣誉，如优秀青年岗位能手、晋阳工匠、劳动模范等。他参与制定了“清徐陈醋”“草菇老醋”“陈皮醋”等十项团体标准，主导了相关鉴别技术研究，并被评为“清徐老陈醋酿制技艺非物质文化遗产”代表性传承人，为公司技术创新和产品研发作出了重要贡献。

王云发，山西省首届“特聘晋醋大师”，山西省美锦醋业股份有限公司技术总监，是山西老陈醋酿造领域具有深远影响力的资深专家。自投身制醋行业以来，王云发已在该领域耕耘六十载，从一线基层工人逐步成长为企业核心技术骨干。他长期践行“工匠精神”，注重技艺传承，并不断优化山西老陈醋的酿造工艺。他主导推动企业将传统固态发酵技法与现代设备相结合，积极倡导并实施“纯粮零添加”的酿造理念，有效提升了产品品质与食品安全标准。同时，他带领团队自主研发了一体化酿造设备，显著提高了生产自动化与标准化水平，为山西老陈醋的规模化、现代化生产奠定了坚实基础。尽管王云发已正式退休，但他依然坚守岗位，常年深入生产一线，亲自指导技术工人操作实践，他的持续投入对传统酿醋技艺的延续与发展起到了关键性作用，被业界誉为“醋人活化石”。

八、传承创新现状

在清徐老陈醋酿制技艺的保护与传承过程中，科技创新深度融入老陈醋酿造的各个环节，成为推动这一传统技艺持续发展的关键动力。

在工艺数字化升级方面，山西紫林醋业与美锦醋业分别探索出具有代表性的技术路径，有效促进了传统酿醋工艺与现代智能制造的融合发展。紫林醋业自主研发的“老陈醋智能化酿造一体机”，将传统酿造过程中“酵、熏、淋”三道关键工序有机整合，通过引入数字传感、自动控制等智能技术，将非物质文化遗产传承人积累的经验知识转化为可量化、可感应、可调控的数字参数，从而实现全过程的自动化生产管理。此项技术应用不仅有效提升了生产效率，使整体产量提高

10%以上，还显著增强了酿造工艺的可控性与标准化水平。美锦醋业通过打造数字化生产车间，构建出更加系统的智能化酿造平台。在坚持古法酿造核心工艺不变的前提下，企业引入高精度传感器与人工智能技术，对“蒸、酵、熏、淋”等核心酿造环节中的温湿度、酸碱度、通风量等关键环境参数实施实时监测与精准调控，实现了传统工艺的全过程数字化管理与自动化执行。此举不仅提升了产品质量的一致性与可追溯性，还在降低人工成本、提升劳动生产率方面取得显著成效，为企业实现规模化、标准化、现代化生产提供了有力支撑。

在检测技术革新方面，清徐县设立中轻检验认证（太原）有限公司和食醋检测认证创新平台国家市场监督管理技术创新清徐分中心，为食醋标准研究和产品研发提供了坚实的技术支撑。在真实性检测技术上，清徐县取得重大突破，弥补了检测和研发能力的不足，紫林、水塔、美锦等企业率先通过食品真实品质（FA）认证，全县正加速推动其他食醋企业通过 FA 认证，以保障产品真材实料，提升“清徐陈醋”地理标志的品牌形象。此外，水塔醋业与北京多所高校、科研机构合作，建立老陈醋指纹图谱数据库，为深入挖掘老陈醋的保健功能提供科学依据，推动其向营养健康食品领域拓展。

在产业管理数字化转型方面，清徐老陈醋产业管理部门借助 5G 通信技术、互联网、大数据等新型数字生产要素，推动传统酿醋产业向智能化、系统化方向迈进。产业管理部门通过建立中国醋都乡村 E 镇公共服务中心，搭建涵盖线上数字化销售平台、电商运营中心及大数据指挥调度平台的综合服务体系，并与京东、抖音等平台深度合作，拓展数字营销渠道。与此同时，清徐老陈醋产业还充分运用大数据、区块链等前沿信息技术，推进产业链关键环节的技术创新与系统升级。具体举措包括：开展老陈醋特征组分差异性评价研究，开发酿造过程的鉴别与判定技术，构建涵盖产品品质、工艺流程与产地来源的综合性数据库，为食醋产业建立科学、可追溯的质量控制体系等，从而强化了产品的可验证性与品牌信任度，增强了消费者对传统酿醋产品的认知与消费意愿。

在产品多元化创新发展方面，清徐县深入挖掘老陈醋的营养价值，推动其从传统调味品向营养健康食品、保健食品及其他衍生产品方向拓展。紫林醋业开发出药食同源功能醋，以及苹果醋沐浴露、老陈醋洗发露等清洁美容护肤产品；东湖醋业的老醋花生、保健醋口服液等健康食品备受青睐；水塔醋业的醋膏、醋味草莓冰激凌等特色产品也受到市场欢迎。目前，清徐县已拥有 4 个省级食醋技术研究专业中心，研发培育出老陈醋、风味醋、保健醋等 6 大系列 200 余个品种，产品远销36个国家和地区，产业链年产值达70亿元，带动近10万人就业，形成了多元化、国际化的产业发展格局。

综上所述，清徐老陈醋专业镇通过工艺、检测、管理和产品等多方面的创新，实现了传统酿造技艺与现代科技的深度融合，推动了老陈醋产业的高质量发展，为传统产业的转型升级提供了宝贵的经验。

第八节　河南省少林功夫传承创新研究

一、概述

少林功夫是指在河南登封嵩山少林寺这一特定佛教文化背景下，逐步发展起来的传统文化体系。其根基源于佛教神力信仰，深刻体现了佛教禅宗的智慧，主要通过少林寺僧人修习的武术形式加以呈现。[40] 少林功夫于2006年被列入第一批国家级非物质文化遗产，项目序号为289，编号为Ⅵ-7，类别属于传统体育、游艺与杂技。所属地区为河南省，由河南省登封市申报，保护单位是中国嵩山少林寺。少林功夫被誉为中国武术界各大流派中历史最悠久、种类最丰富、体系最庞大的门派，正受到越来越多的关注。图4-18为嵩山少林寺武僧团团员训练现场。

图4-18　嵩山少林寺武僧团团员训练现场

二、历史渊源

少林武功起源于北魏太和十九年(495 年)创建的少林寺，并由此得名。相传在北魏孝昌三年(527 年)，印度高僧达摩来到嵩山少林寺传授佛教禅宗。由于终日面壁静坐，为了驱倦防兽、健身护寺，达摩等效仿古代劳动人民的身体动作，编成了健身活动的“活身法”。此外，达摩还练习了一些用链、棍、杖、剑等防盗护身的动作，后人称之为“达摩链”“达摩棍”“达摩杖”“达摩剑”。此后，他又吸取鸟兽、虫鱼飞翔腾跃之姿，发展活身法，创造了一套动静结合的“罗汉手”。这套健身术经过历代长期演练、综合、充实、提高，逐步形成了一套拳术，共达百余种，武术上统称“少林拳”。南北朝时期，随着社会的进步和军事发展的需求，少林武术开始向技击方向发展，并实行了有组织、严格的僧兵训练。到隋唐时期，少林武术已声名远扬。北宋时期，宋太祖赵匡胤热爱拳术，并创作了不少拳法，曾将自己的拳书收藏于少林寺。至金末元初，少林拳术进一步发展，著名拳师白玉峰、觉远、李叟等对少林拳法进行了深入研究和整理。他们将“罗汉十八手”发展为七十二手，后又扩展至一百七十三手。五代十国时期，高僧福居特邀 28 位武术名家到少林寺演练两年，传授拳法。明清时期，少林寺的武术风潮愈加盛行。来到少林寺的人们，常将观武作为游览的高潮或结束。[41]

三、少林功夫套路及特点

根据少林寺流传下来的拳谱记载，历代传习的少林功夫套路有数白种之多，其中流传有序的拳械代表有数十种，另有 72 项绝技及擒拿、格斗、卸骨、点穴、气功等门类独特的功法。少林寺目前流传的少林功夫拳术、器械和对练等套路合计有 255 种。[40]现将少林武术中的拳术、棍术、枪术、刀术、剑术的套路及特点进行简要叙述。

少林武术中的拳术种类繁多，种类包括罗汉拳、功力拳、五战拳、昭阳拳、圆功拳、连环拳、六合拳、内功拳、梅花拳、鹰爪拳、少林拳、通背拳、观潮拳、翻子拳、金刚拳、黑虎拳、醉八仙、猴拳、伏虎拳、大通臂等。对练拳术有踢打六合拳、开手六合拳、少林对拳等。如表 4-5 所示，少林拳术主要有 8 个特点。

表 4-5 少林拳术的特点

特点	描述
刚健有力	动作迅猛，强调力量与速度的结合，出拳有力，收势迅速
刚柔相济	在刚猛的基础上融入柔和，动静结合，攻防兼备
朴实无华	注重实战，动作简洁明了，没有多余的花哨动作
非打即防	每个动作都具有明确的攻防目的，强调实用性
内外三合	要求心与意合，意与气合，气与力合，同时手与足合，肘与膝合，肩与胯合，达到形神兼备
动作紧凑	套路结构严谨，起势到结尾紧凑连贯，适合在有限空间内练习
以气催力	强调呼吸与动作的协调，通过气息的运用增强力量
发声助威	在出拳或发力时，常伴随短促有力的发声，以增强气势和威慑力

少林武术中常见的棍术种类包括：猿猴棍法、齐眉棍法、镇山棍法、盘龙棍法、六合棍法、风波棍法、劈山棍法、狼牙棍法、三节棍法、梢子棍法、小梅花棍法等。对练棍术有六合杆、排棍、穿梭棍、破棍十二路等。如表 4-6 所示，少林棍术主要有 7 个特点。

表 4-6 少林棍术的特点

特点	描述
器械配合	在一些少林武术的对练套路中，棍术可以与刀、枪等器械相互呼应，形成互补的攻防体系，展现出少林武术器械配合的多样性和整体性
招式多变	通过不同的棍法组合、步伐移动以及身体的配合，可以衍生出众多的变化。如通过手腕的翻转、棍身的旋转以及步伐的进退，可瞬间改变攻击的方向和力度
直线与弧线结合	运用直线和弧线的结合，迅速进攻或变换角度应对敌人
刚劲有力	出棍迅速、力道沉稳，动作刚劲有力，具备强烈的攻击性
内外兼修	强调内在的气息调节和精神修炼。练习者需要通过呼吸的配合来增强发力的效果，同时培养坚韧意志和专注精神，达到内外合一的境界，以更好地发挥棍术的威力
技巧性强	除了基本的力量，少林棍术还强调技巧的运用，棍法既要有攻防的技术含量，又要有高超的控制力和精准度
攻防兼备	棍术既有直接的攻击技法，也包括防守动作，强调“打防结合”，每一招每一式都有明确的防御意图

枪是古代兵器之王。少林派枪术有五虎枪、少林枪、提炉枪、夜战枪、拦门枪、担拦枪、金花双舌枪、十八名枪、十三枪等。对练枪术有六合枪、枪对枪、

二十一枪枪对刺、三十六枪破法对练等。少林枪术有一条歌诀是：“身法秀如猫、扎枪如斗虎，枪扎一条线、枪出如射箭，收枪如捺虎、跳步如登山，压枪如按虎、挑枪如挑龙，两眼要高看、身法要自然，拦、拿、亢、点、崩、挑、拨，各种用法奥妙全。”[42] 如表 4-7 所示，少林枪术主要有 5 个特点。

表 4-7　少林枪术的特点

特点	描述
刚柔并济	“刚”主要表现在出枪攻猛，连刺速骤，力贯双臂，直进不移。而“柔”则体现在枪之改向变招和柔可生刚两个方面，交战中失利时的移枪之弧劲为柔，移枪后得势再转刚；后退和收枪时的滑劲为柔，退、收之间可蓄力，瞬间精力成锐，锐贯新招又成刚
进退枪走一条线	从起势出枪到收枪结尾，始终在一条直线上运动。攻敌时直进易于接近目标，若曲线绕道进攻则迟于直线近敌
滚出滚入螺旋劲	区别于其他枪法的标志。进枪时，滚臂旋腕，使枪头像金刚钻一样呈螺旋形刺进对方要害部位，枪锋刺中穴位后创面直径大，致伤部位深，能更有效地致伤敌人
招式丰富	少林枪术包括多种基本枪法和变化招式，如八母枪中的封、闭、提、掳、拦、拿、还、缠等，以及六妙技法中的截、进、乱、定、斜、直。此外，还有五要变化如一圈、二串、三排、四压、五扎，以及三奇技巧如软、闪、赚等。这些招式相互融合、变化丰富，能够应对各种不同的战斗场景
步法稳健	步法以稳健、快速、灵活为特点，常见的有弓步、马步、虚步、丁步等。通过这些步法的移动，能够迅速调整与对手的距离和位置，为枪术的施展创造有利条件

少林的刀术有梅花刀、春秋大刀、少林双刀、少林单刀、六合单刀、马门单刀、座山刀、八路双刀、六路双刀、太祖卧龙刀、梅花双发刀、燕尾单刀等。对练刀术有单刀进双刀、对劈单刀、刀对刀、对劈大刀、二合双刀等。如表 4-8 所示，少林刀术主要有 4 个特点。

表 4-8　少林刀术的特点

特点	描述
节奏明快	少林刀术在演练时节奏分明，动作之间衔接紧密，有明显的快慢、轻重变化
器械合一	少林刀术强调人与刀的高度融合，要求习练者将刀视为身体的延伸，达到心到、眼到、刀到的境界

续表

特点	描述
刚劲迅猛	少林刀术动作刚健有力，发力迅猛。其招式多以快速地劈、砍、刺、撩等为主，强调以爆发力将力量集中于刀刃
刀法多变	少林刀术以缠头裹脑、翻转劈扫、撩挂云刺、托架抹挑等技法著称，注重刀法的灵活运用和变化多端，有攻有守，迅猛且巧妙

少林派剑术有达摩剑、连环剑、乾坤剑、太乙剑、五堂剑、二堂剑、青锋剑、绨袍剑、龙形剑、武林双剑飞等。对练剑术有二堂剑、五堂剑对刺、少林剑对刺等。剑诀为“剑是青龙剑，走剑要平善，气要随剑行，两眼顾剑尖，气沉两足稳，身法须自然，剑行如飞燕，剑落如停风，剑收如花絮，剑刺如钢钉”。[42]如表 4-9 所示，少林剑术有 5 个特点。

表 4-9　少林剑术的特点

特点	描述
剑走轻灵	强调剑的运行要轻盈、灵活、敏捷，犹如飞燕穿梭，剑势流畅自然，不滞不涩。在舞动过程中，剑花纷飞，剑势多变，能够快速地转换方向和招式，以灵动的剑招克敌制胜
剑法多变	包含丰富多样的剑法，如劈、刺、撩、抹、点、崩、截、绞等，每种剑法都有其独特的用途和变化。通过各种剑法的组合和衔接，形成复杂多变的剑招，使对手难以捉摸，防不胜防
直线路径	少林剑术的走向路线为自始至终多在一条直线上运动，讲究剑走直线，以直取敌，这种直线攻击方式能够快速突破对手防线，具有很强的直接性和攻击性
步形多样	常见的步形有歇步、弓步、插步、丁字步、虚步、并步、四六步、仆步等，这些步形的运动方式包括上步、移步、跳步、挪步、倚步、赔步、跃步和腾空等。通过各种步形的变化，调整与对手的距离和角度，为剑招的施展提供有力支撑，使剑术在实战中更具灵活性和机动性
禅武合一	剑的运用与禅法有异曲同工之妙。需要习剑者以参禅入定般的心境去施展剑招，以实现身体与心灵的高度协调，让剑与禅在一举一动中合二为一，达到一种超凡脱俗的境界

四、文化内涵

少林功夫作为中华武术文化中的璀璨瑰宝，历经千年演进与传承，早已深深植根于中华文明的厚重土壤之中。其价值不仅体现在精妙的技击体系和丰富的技法构成上，更重要的是，它作为一种复合型文化现象，融合了佛教信仰、传统哲学、道德伦理及民族精神等多元文化因素，形成了独具一格的文化体系。因此，少林功夫不仅是中国传统武术的代表性样式，更是深入理解中华传统文化精神内核的重要窗口。其文化内涵主要体现在以下四个方面。

1. 佛教文化的深度融合

少林功夫起源于北魏时期的少林寺，而该寺作为佛教传播的重要载体，其武术发展过程始终与佛教文化密切交织。尤其是在修行理念上，佛教的慈悲精神与自律修持对少林武术产生了深远影响。僧人练武不仅为强身防卫，更视之为修行路径之一，借助艰苦训练锤炼意志、克制欲望、净化心灵，以实现“禅武合一”的精神境界。例如，少林武术中的“达摩剑法”便源自达摩祖师的禅宗教义，其动作结构与命名方式充分体现了佛理智慧，将武术实践与佛教哲思深度融合，展现出少林功夫独有的宗教性与精神性。

2. 哲学思想的多元体现

少林功夫在技艺设计与武学实践中广泛吸纳了道家与儒家的哲学思想，尤其体现在“阴阳互济”“动静结合”“以柔克刚”等核心理念之中。从招式上看，少林武术讲究刚柔并济，进退有度，体现出对动态平衡和系统调和的高度追求。实战中强调因势利导、审时度势，主张“止戈为武”，这一点与儒家“中庸”之道相契合。同时，修习过程不仅关注身体训练，更重视精神层面的修养，注重“内练一口气”，追求天人合一、身心协调的理想境界，体现了道家“顺应自然”的哲学旨趣。

3. 道德观念的严格遵循

少林功夫在传承过程中始终强调“武德”建设，将道德修养置于技艺之上。少林寺历代都重视对弟子的品德教育，要求他们尊重师长、团结同门、扶危济困、不恃强凌弱。这种道德观念的传承，不仅有助于维护武术界的良好秩序，也使得少林功夫在传播过程中赢得了广泛的尊重和赞誉，成为中华武术文化中道德规范的典范。

4. 民族精神的生动展现

作为中华民族精神的重要承载体，少林功夫在中国历史发展的多个关键时期均扮演了重要角色。在抵御外侮、保家卫国的斗争中，少林武僧凭借卓越的武艺和坚韧意志屡建奇功，彰显了中华民族不屈不挠、英勇奋进的民族性格。与此同时，少林功夫在发展过程中不断吸收其他民族武术精华，形成兼容并蓄、融合创新的演进路径，促进了各民族文化的交流与融合。

五、代表性传承人

释延蜀，少林寺武僧教练，国家级非物质文化遗产少林功夫传承人。他 9 岁便进入少林寺研习禅、武、医、艺等多重技艺。释延蜀在武术领域成绩斐然，多次参加全国各类武术比赛并斩获冠军，如 2009 年河南省登封市武术馆校甲级队武术散打争霸赛 56 公斤级冠军、2011 年全国武术少林拳比赛第一名。除武术传承外，释延蜀亦积极投身于少林文化的多元传播工作。他曾受邀参与中央电视台《我要上春晚》总决选及多个省级卫视节目录制，并参与大型功夫舞台剧的编排与导演工作，致力于将少林文化以当代表达方式呈现于公众视野之中。2023 年，他更肩负起柬埔寨少林寺文化中心负责人的职责，启动"大乘佛法圣地——柬埔寨少林寺"建设的前期筹备工作，进一步推动少林文化在东南亚地区的传播，展现出少林功夫在国际语境中传播路径的多样性与深层次互动。

释延浩，少林寺第 34 代武僧，担任北京国际交流协会禅武研修负责人。他是少林功夫段品制六段、中国武术协会国家一级武术教练员以及国家级武术体育指导员，还被授予国际公益慈善大使、中外友好与文化宣传大使称号。他频繁随少林寺武僧团出访美国、德国、俄罗斯等十几个国家和地区，传播少林功夫。在教学方面，2013—2016 年担任少林寺国际青少年夏令营、冬令营武术总教头和国际班总教头，积累了大量教学经验。他还参与众多综艺节目的拍摄，如 2014 年浙江卫视亲子节目《人生第一次》等。此外，释延浩荣获诸多荣誉，例如 2019 年获央视数字频道《2019 武林春晚》爱心贡献奖称号，2021 年获龙潭街道"众建社区"首席导师称号以及优秀武术教练员称号等，为少林功夫在国内外的推广和传承作出重要贡献。

释延荻作为少林功夫非物质文化遗产传承人，2018 年受少林寺委派前往加拿大温哥华，创办了加拿大少林寺文化中心，现任该中心负责人。他在加拿大积极传播和执教少林功夫，将中国传统武术融入当地社区生活，使更多外国友人亲身领略到少林功夫这门古老武学的精妙之处，在海外架起了一座传播少林功夫文化的桥梁。

胡正生作为少林心意拳主要传承人，坚守武术之路长达 30 余年，从广泛学习各类武术，到专注精研心意拳，始终致力于武术文化的传承与发展。近年来，越来越多的外国人跟随他学习武术，他期望未来能让心意拳这一优秀拳种持续发扬光大，让少林心意拳走向更广阔的舞台。

梁以全是现代少林武术复兴和发展的关键人物，国家武术研究院专家委员会专家，享受国务院政府特殊津贴，1995 年被评为“中国当代十大武术名师”。他出身武术世家，6 岁随父习武，演练多种少林精华拳种及器械。1979 年，梁以全向来访的日本少林拳法联盟代表团展示“少林仙招虎扑把”和“少林心意把”，令人惊叹；1980 年出访日本，向世界展示少林功夫。他还编写《少林武术》等 10 多部武术理论专著，发表 30 余篇论文。1995 年离休后创办少林鹅坡武术专修院，培养的弟子遍布海内外，为少林武术传承与教育事业奉献了力量。

梁少宗为登封市非物质文化遗产“鹅坡梁氏长拳”传承人，梁以全之子，少林鹅坡教育集团董事长。他多次在大型武术赛事中荣获少林拳和器械冠军，秉持文武兼修的办学理念，培养出一批又一批武术人才，推动着少林武术在新时代的传承与发展。

六、传承创新现状

在国家文化复兴战略与非物质文化遗产保护机制的多重推动下，少林功夫的保护与传承工作获得了制度性支持和政策保障。作为中华传统武术的重要代表，少林功夫被纳入河南省重点扶持的文化产业范畴。近年来，河南省陆续出台《加快建设体育河南实施方案》以及《河南省武术产业规划(2021—2025 年)》等系列政策性文件，明确将少林武术列为重点保护与开发的文化资源，不仅为其传承发展指明了方向，也从政策层面强化了其在文化、体育与旅游融合发展中的战略地位。同时，在财政与税收政策方面，地方政府亦积极作为，郑州市税务部门对少林寺景区首道门票实施免税政策，并对辖区内武术类教育培训机构，如武术学校，免征房产税、印花税等相关税费，为少林功夫的系统性传承提供了稳定的经济支撑，构建起了良性的传承发展生态。近年来，少林功夫的传承创新主要表现在以下七个方面。

（一）智能科技创新驱动传承升级

近年来，在人工智能(AI)技术的驱动下，少林功夫的教学与评测体系实现了显著跃升。少林寺相关研究团队将 AI 算法与段位制度相结合，构建出一套面向大众的“功夫数字平台”。该平台通过攻克人形图像识别、关键关节节点提取、矢量角度运算等关键技术瓶颈，打通了 AI 辅助下的段位考评全流程，推动武术习练从传统的师徒传承向数字化、自主化、精准化转型。使用者只需借助智能手机，即可在非面对面教学环境中获取精准动作反馈，实现个体少林功夫修习与段位评估的常态化与便捷化。此外，少林寺与遥在科技达成战略合作，利用扩展现实(XR)技术开发相关内容，包括推出虚拟现实(VR)大空间体验项目，以及在主流 XR 平台推出功夫体验与学习应用，让用户足不出户感受少林功夫的魅力。

(二) 武术学校引领全球少林人才培养

武术学校作为重要的培养基地，发挥着不可替代的作用。据河南省体育局党组成员、副局长田间在 2024 年 10 月 15 日省政府新闻办召开的“第十三届郑州国际少林武术节”新闻发布会上介绍，少林武术文化机构遍布 100 多个国家和地区，全球 6000 万人习练少林功夫及热爱少林文化，国外 200 余个文化访问团先后到访少林寺。登封市现有武术学校 20 所，在校学生 76000 多人，武术培训业已经成为登封市的支柱产业，这为少林功夫的传承提供了坚实的人才支持。

(三) 文化交流创新构建传承平台

连续举办的“中国 · 郑州国际少林武术节”、世界少林功夫网络考功大赛、首届少林武术大会等活动，以及组织“欧洲少林联合会归宗朝祖”等交流项目，为少林功夫的传承与全球传播提供了重要的平台和契机，使得少林功夫得以在国家级乃至国际层面展示其深厚的文化积淀与独特的技艺体系，显著提升了其社会影响力与文化感召力，成为中外文化互动中极具辨识度的文化载体与交流媒介。

(四) 影视艺术创新拓展传播视野

影视文艺作品的创作与传播为少林功夫的推广作出了重要贡献。近年来，影片《新少林寺》《少林小子》和《风中少林》等作品相继上映，全球最大的山地实景演出《禅宗少林 · 音乐大典》也在国内外引起了广泛关注。通过这些艺术形式，少林功夫的文化得以进一步渗透到世界各地，扩大了其国际影响力。

(五) 少林武僧团创新国际传播展示

少林武僧团的表演与文化交流活动在推动少林功夫的国际传播方面发挥了重要而积极的作用。少林武僧团长期致力于通过舞台表演、文化巡演及多样化的国际交流形式，扩大少林功夫的海外影响力。该团体不仅在中国境内多个城市进行巡回演出，更屡次受邀参加国际高规格的文化活动，诸如登上英国皇家综艺晚会舞台，并获得英国女王伊丽莎白二世的亲自接见。这类高层次、广覆盖的文化展演，不仅有效彰显了少林功夫的技艺特色与精神内涵，也显著提升了其在国际社会中的认知度与文化认同。

(六) 考功体系创新实现科学评价

少林寺在传统武术教学体系中对考功制度进行了系统性改革与创新，旨在提升考核机制的公平性与科学性，从而更有效地推动武术人才的培养与传统技艺的传承。改革后的考功制度不仅注重学员在武术技艺方面的熟练程度，还综合考察其身体素质与心理素养，体现出少林功夫“技—体—心”协同发展的育人理念。“少林考功体验”项目还成为独特的旅游项目，不仅增强了游客的沉浸式参与感，有效延长了游客在景区的停留时间，而且通过丰富旅游内容，缓解了旅游淡旺季之间的客流差异，从而提升了整体接待能力与经济效益。

（七）历史文献创新整理推动非遗传承

编撰《河南武术志》《河南省武术拳械录》等，对少林武术相关历史资料、特色拳种进行了全面普查、挖掘、搜集和整理。举办少林功夫非遗传习创新大会，与会者围绕少林功夫的传承与创新展开深入交流，探讨融入现代元素的方法。

第九节　山东省柳子戏传承创新研究

一、概述

山东柳子戏作为中国古老的戏曲剧种之一，承载着丰富的文化传统与历史价值。2006 年，该剧种被正式列入第一批国家级非物质文化遗产名录，项目序号为 187，编号为Ⅳ-43，归属于传统戏剧类别。其主要流行及申报地区均为山东省，保护单位为山东省柳子戏艺术保护传承中心（山东省柳子剧团）。柳子戏，又称弦子戏，亦有“北调子”或“糠窝子”之称，是中国戏曲四大古老剧种之一。其演出地域广泛，主要分布于山东、河南、江苏北部、河北南部及安徽北部等地。因其主要曲调“柳子”旋律通俗易懂，易于传播并深受民众喜爱，故得名“柳子戏”。[43]柳子戏的兴盛与明清时期山东戏曲艺术的繁荣发展密不可分。明清时期，山东地区戏曲文化进入鼎盛阶段，这一现象与运河经济的繁荣有着紧密联系。由于地理位置的优势，山东运河区域不仅成为重要的经济中心，同时也促成了较为开放的文化交流环境，使得各地的戏曲艺术得以在此交汇、融合。不同地域的艺术风格相互借鉴，共同推动了山东戏曲艺术的多元化发展，为柳子戏唱腔音乐的演变与创新提供了广阔空间。[44]目前，柳子戏仅在山东境内流传，且拥有全国仅有的一个专业性柳子戏剧团——山东省柳子剧团，被誉为“天下第一团”。图 4-19 为山东省舞台艺术青年人才创作扶持项目——新编柳子戏《惊蝉记》演出现场。

图 4-19　新编柳子戏《惊蝉记》演出现场

二、历史渊源

柳子戏，作为中国戏曲的古老剧种之一，其发展演变历程可以追溯到明代万历年间。据沈德符在《野获编·时尚小令》中记载，元代的“小令”最初流行于赵燕地区，并随着时间的推移逐步传播至全国各地。自明代宣德、正统年间起，柳子戏的曲调便在中原地区广泛流行，在成化、弘治年间更是风靡一时，成为当时广受欢迎的戏曲形式。到了嘉靖、隆庆年间，柳子戏的曲目更加丰富，受众涵盖了不同社会阶层、不同性别、不同年龄段的人群，成为民间最为喜爱的戏曲之一。

到了乾隆年间，柳子戏已经成为当时中国戏曲的一个重要剧种，与昆腔、弋阳腔、梆子腔并列，享有“东柳、西梆、南昆、北弋”的盛誉。在此时，柳子戏已在山东、河南等地广泛传播，逐渐形成了较为稳固的艺术基础和流派。然而，随着乾隆五十五年徽班进京及皮簧的崛起，柳子戏的主导地位开始受到挑战，徽班的影响力逐渐超过了柳子戏，曾经辉煌一时的局面逐渐衰退，柳子戏的影响力在全国范围内开始显著减弱。

进入清朝咸丰年间(约 1851 年)，汶上县的红脸艺人姚天机在鲁西南创立了科班，培养出一批备受当地观众喜爱的演员。此后，柳子戏的演出规模不断扩大，到宣统二年(1910 年)左右，柳子戏的职业剧团已在山东的运河地区形成了明确的区域分布。西路的曹县义盛班由张庆云领班，主要活动于菏泽、济宁一带；东路由李家兴领班，活跃于费县、临沂等地；南路由张敬友领班，主要在苏北及丰县一带演出；北路由苗发云领班，中心活动区域为章丘。

然而，民国时期柳子戏的发展面临了严峻的挑战，特别是在抗日战争爆发后，许多柳子戏演员或转行演唱其他剧种，或选择放弃戏曲事业转而务农。部分剧团虽艰难维持演出，但整体的经营状况极为惨淡，柳子戏的生存空间日渐狭窄，逐渐进入了低谷。

随着中华人民共和国的成立，柳子戏迎来了恢复与发展的新机遇。许多县级柳子戏剧团如郓城县工农剧社、复程县新声剧社等纷纷成立，并为柳子戏的传承提供了基础。然而，随着时局变化和其他剧种的崛起，特别是豫剧的大规模进入山东，柳子戏面临着资金匮乏、传承人短缺等问题，许多县级剧团逐渐解散，柳子戏的传承陷入困境。

在“文化大革命”期间，汶上县的郭仓陈堂剧团在陈秀乾、陈秀坤兄弟的带领下，改编并演出了样板戏，成功吸引了大量观众，成为当地一度受到热捧的剧团。由于观众数量庞大，甚至实施了男女分区入场，维持剧场秩序。尽管如此，随着柳子戏老一辈艺人的相继去世，汶上县作为柳子戏的发源地之一，柳子戏的传统逐渐衰退。但在政府的号召和推动下，汶上县开始重新挖掘和整理柳子戏的经典剧目，并进行排演，从而为柳子戏注入了新的生命力。

自改革开放以来，柳子戏经历了重要的复兴阶段。在这个过程中，许多经典剧目如《孙安动本》《玩会跳船》等得以恢复上演，同时，还改编移植了《琵琶遗恨》《王昭君》等一批新剧目。这些剧目的恢复与创新，为柳子戏的传承提供了新的动力，使其在当代文化语境中焕发了新的生机。通过这些努力，柳子戏不仅保留了其传统艺术特色，还进一步拓展了其在当代社会中的艺术表现空间。

总体而言，柳子戏的发展虽历经多次低谷和变迁，但其作为中国传统戏曲的宝贵遗产，始终在文化的长河中占据着重要地位。进入新时代，在国家文化政策的积极引导与地方非物质文化遗产保护机制的推动下，柳子戏的传承路径日益多元，艺术表现形式也不断实现创新融合。可以预见，伴随着社会对非遗保护意识的提升与戏曲艺术复兴战略的深入实施，柳子戏将在新的历史语境下焕发出更为繁荣的发展前景。

三、艺术特征

柳子戏作为中国传统戏曲的一种独特剧种，其艺术特征在表演、唱腔、唱词、伴奏手法等多个方面均呈现出显著的地方特色与历史积淀。

（一）表演特征

柳子戏的表演以粗犷豪放、富有地方特色而著称。演员的动作设计精细入微，体现了浓厚的生活气息和鲜明的人物特点。该剧种在舞台呈现中高度重视肢体语言与动作设计，例如当武将出场时，演员常通过踢腿、打飞脚等夸张动作来展示角色的豪放气质。当角色在表达愤怒或急躁情绪时，通常通过双脚跳起的动作来表现人物的情感波动。柳子戏在道具的选用上常坚持采用真刀真枪，以增强表演的真实感和震撼力。

（二）唱腔特征

柳子戏的唱腔体系丰富多样，属于多声腔的曲牌体剧种，其曲目由多种不同宫调与板式的曲牌组成。在唱腔风格上，柳子戏既具有粗犷奔放、质朴劲拔的“粗曲子”，也有缠绵细腻、典雅华丽的“戏曲子”。其中，诸如“调子”“赞子”等曲调呈现出浓郁的乡土气息，通俗易懂，便于观众理解；而“风入松”和“步步娇”等则具有较为文雅、宫廷化的气息，展现了柳子戏的文化深度与艺术品位。

（三）唱词特征

柳子戏的舞台语言主要采用菏泽、济宁地区的官话，属于鲁西南方言，与普通话在四声调值方面存在显著差异。这一地方方言的使用，不仅为柳子戏增添了浓厚的地域特色，还进一步体现了其戏曲文化的根基。

在唱词格式上，柳子戏有两种主要的结构类型。一种是齐言的上下句式，其唱词结构较为固定，常见的句式包括“二、二、三”分逗的七字句和“三、三、四”分逗的十字句；另一种则是长短句式，这种结构通常通过重复部分唱词或加入衬词的方式来扩展句式。例如，四字、五字句常常被扩展为七字句，六字、七字句又往往会转化为十字句。[45]这种句式变化的自由性不仅增强了音乐语言的表现力，也为塑造人物性格与推进戏剧情节提供了广阔的空间。

（四）伴奏手法特征

柳子戏的伴奏音乐以单旋律随腔齐奏为主。演奏乐器以笛子、笙、三弦为主，通过乐器间的相互配合，不同的演奏技巧和音色特点相互融合，形成了具有协调性与感染力的音响效果。这些主奏乐器不仅承担着为唱腔提供旋律支撑的基础功能，更通过音高、节奏、力度等多维度的变化，有效烘托剧中人物的情绪波动与剧情转折，使整体表演更具张力与表现力。

柳子戏在音乐结构上常使用多种固定的前奏和间奏过门，尤其是在同一宫调系统内部，不同曲牌之间的衔接往往通过这些过门实现平稳过渡。这种音乐处理方式既增强了戏曲音乐的整体性，也使演出节奏更为流畅，提升了观演体验的连贯性。值得一提的是，打击乐器在柳子戏中也占有重要地位，其通过节奏的强弱变化与舞台表演高度配合，不仅起到调节氛围、引导情绪的作用，还对剧情的发展起到节奏控制的关键作用，从而有力地增强了戏剧的舞台表现力。

四、代表剧目

柳子戏历史悠久，剧目丰富，不仅有传统经典，更有新编佳作。现将代表性剧目介绍如下：

《孙安动本》作为柳子戏看家大戏，入选文化和旅游部艺术司《重点传统（经典）剧目复排计划名录》。该剧讲述曹州知府孙安三次上奏、以死进谏以图铲除权奸的故事。该剧情节紧凑、结构严谨，且唱腔丰富、曲牌多样，具有极强的戏剧张力与舞台感染力。著名柳子戏表演艺术家黄遵宪为该剧的首代“孙安”扮演者，20 世纪 60 年代，他率团巡演全国，以此剧打响柳子戏的知名度，为剧种的传播与发展作出重要贡献。

《张飞闯辕门》是常演不衰的经典剧目。剧情讲述的是三国时刘备屯兵新野，诸葛亮初出茅庐，张飞因欺其年轻，辕门点将误卯，后怒闯辕门与诸葛亮冲撞，最终在新野之战中折服并立功。该剧全剧唱青阳高腔，保留“锣鼓击节、一唱众和”的独特声腔特点及说唱结合的“滚唱”特色。

《五台会兄》所讲述的故事发生在北宋时期，杨家将中的杨五郎在五台山出家，杨六郎出征途中路过五台山，兄弟二人在五台山相遇，互诉衷肠，感慨万千。该剧情节感人，既有兄弟间的深情厚谊，又有对家国命运的忧虑，具有较高的艺术感染力。

《玩会跳船》以诙谐幽默的方式传递出“有情人终成眷属”的主题。该剧通常以青年男女在集会、游玩等民俗场景中相识相恋为主线，历经波折，最终喜结连理。剧作不仅情节生动、人物鲜活，而且充满浓郁的生活气息，充分体现了柳子戏贴近民间、贴近现实的艺术特征，使观众在欣赏过程中产生强烈共鸣，从而增强了戏曲的感染力与传播力。

《红罗记》则以“红罗”作为贯穿始终的信物，围绕一段因误会与波折而愈加坚定的爱情故事展开。剧中男女主人公历经坎坷，最终借助红罗辨认身份，终成眷属。该剧不仅情节结构紧凑，且在唱腔处理上婉转细腻、节奏分明，集中展现了柳子戏在表达细腻情感、刻画人物内心方面的艺术优势，亦凸显出其在爱情题材表现上的独特韵味。

《抱妆盒》改编自元杂剧《金水桥陈琳抱妆盒》，是一部融宫廷斗争与忠诚正义于一体的历史剧。剧情讲述宋真宗时期，刘妃与内监郭槐合谋，用狸猫顶替李宸妃所生皇子，并令宫女寇珠将其抛入金水桥。寇珠在内使陈琳的协助下，将皇子藏入妆盒，送与八贤王抚养。日后真宗驾崩，皇子被扶上皇位，事件真相得以昭雪，奸邪受到惩治。

《打登州》围绕秦琼被官府发配登州、巧遇靠山王杨林并发生一系列冲突的故事展开。剧中，秦琼凭借高强武艺与机智勇敢，成功化解危机，最终脱困。该剧不仅情节跌宕、人物性格鲜明，更包含大量高难度的武打表演，展现出柳子戏在动作设计与舞台表现方面的独特技艺与高度美学价值。

五、代表性传承人

黄遵宪，男，1932 年 6 月生于山东省郓城县黄岗村，是国家一级演员，于 2008 年被认定为第二批国家级非物质文化遗产项目柳子戏的代表性传承人。他 13 岁时拜师张元龄学习戏曲，1950 年加入郓城县工农剧社(现山东省柳子剧团)，师从王福润，主攻文武小生，后改演老生。1959 年，他随团调至山东梆子戏剧团工作，直至 1992 年退休。在 1959 年柳子戏《孙安动本》首演中，他是首位“孙安”的扮演者，也是该剧电影版中“孙安”的饰演者。黄遵宪的表演文武兼备，唱腔高亢豪放，在柳子戏领域深耕数十载，立足于剧种和自身条件，开拓创新，开创了以细腻清晰的夹本嗓演绎“挂须老生”的先河，塑造了众多栩栩如生、深入人心的艺术形象，代表作品包括《孙安动本》《三回船》《王昭君》等。

李艳珍，女，1942 年 2 月生于山东郓城，是山东柳子戏的首批女性演员。2008 年，她被认定为第二批国家级非物质文化遗产项目柳子戏的代表性传承人，并荣获国家一级演员称号。她专攻闺门旦、花旦和青衣角色，代表作品包括《玩会跳船》和《孙安动本》。1956 年，她考入郓城县工农剧社，1959 年调入山东省柳子剧团。自 1988 年起，她在山东省戏曲学校教授柳子戏。1962 年，她参与电影《孙安动本》的拍摄；1982 年，荣获山东省戏剧演出月优秀表演奖。1989 年，被原文化部评为“尖子演员”。在表演艺术上，她不仅继承了南路风格，还融合了北路和东路唱腔的特色，并兼具西路表演的大方，形成了独特的艺术风格。

冯宝泉，男，1934 年生，于 2009 年入选第三批国家级非物质文化遗产代表性传承人，1950 年加入郓城县工农剧社，擅长柳子戏音乐伴奏、唱腔设计与作曲，创作了《孙安动本》《红罗记》《观灯》《沙家浜》等多出剧目。1956 年，他在郓城县青年会演中以《红罗记》《借年》获音乐伴奏奖。1989 年，他凭借《徐龙铡子》获作曲二等奖。此外，他精通二百余只柳子戏音乐唱腔及伴奏曲牌，曾担任历届柳子戏学员的唱腔老师，并培养了数十位柳子戏接班人，为柳子戏传承作出重要贡献。

孔祥启，男，1943 年 10 月 27 日生于山东省巨野县太平乡小垓村，2009 年入选第三批国家级非物质文化遗产代表性传承人。他出生于戏剧世家，9 岁起在祖父指导下学习柳子戏。1958 年，他考入郓城县工农剧社，主攻花脸、红脸。他的代表作包括《打登州》和《挂龙灯》。1960 年，他因在《打登州》中的出色表演获青年演员优秀奖。1980 年，他凭借《五台会兄》获奖。1987 年起，他担任山东省戏曲学校柳子科教师。1994 年退休后，他仍致力于柳子戏的传承，并根据柳子戏净角表演的程式动作自创健身舞，义务教授群众。

李松云，女，1941 年出生于山东郓城县，是山东省柳子剧团的著名演员，被誉为柳子戏的第一代女演员之一。她于 2009 年入选第三批国家级非物质文化遗产代表性传承人。自幼受家庭环境熏陶，李松云对柳子戏产生了浓厚兴趣。1954 年和 1956 年，柳子戏在华东戏曲会演和山东戏曲会演中获奖，迅速引起戏曲界的广泛关注。同年，剧团招收了包括李松云、李艳珍、杨宝荣等在内的五十多名学员，这批学员成为柳子戏历史上首批女性演员，打破了由男性演员扮演旦角的传统。1987 年，李松云开始在山东省戏曲学校教授柳子戏课程，2010 年起，她在山东省文化艺术学校教授儿童学习柳子戏，为柳子戏的传承和发展作出了卓越贡献。

迟皓文，女，生于 1962 年，2012 年被认定为第四批国家级非物质文化遗产柳子戏代表性传承人。自 1981 年以来，她一直在山东省柳子剧团工作，主攻青衣角色，同时兼演闺门旦、花旦、彩旦和老旦等角色，形成了独特的艺术风格。在教学方面，她曾担任山东省戏曲学校柳子班 1987 届、2000 届和山东省电影学校 2010 届柳子科学生的教师，负责女生唱腔教学。她以严谨的教学态度，言传身教，培养了数十名柳子戏演员。在教学中，她结合自身演出经验，提炼出“真、深、精、美”四字教学标准，作为柳子戏的教学规范和学习要诀。她曾在《白兔记》《井尸案》《痴梦》《卧龙求凤》《李香君》《费姐》《选民老冤蛋》等剧目中担任主要角色。她主演的《惊梦》获全国第二届红梅大赛银奖，《痴梦》获山东省第五届艺术节表演一等奖，《选民老冤蛋》获山东省文化艺术节优秀表演奖。

六、创新传承现状

柳子戏作为山东古老的剧种，有着深厚的历史文化底蕴。在新时代浪潮下，柳子戏积极探索创新发展之路，通过在剧目创作、表演形式、传播途径等多方面的革新，努力焕发出新的生机与活力。

（一）经典剧目新演绎：《张飞闯辕门》的传承与创新

在第二届海丝泉州戏剧周暨2024年全国南戏展演中，柳子戏《张飞闯辕门》所演绎的声腔是由弋阳腔流传至安徽青阳后形成的青阳腔，再被柳子戏吸收衍化而来。该声腔保留着“锣鼓击节、一唱众和”的独特声腔特点，以及说唱结合的“滚唱”特色。为了原汁原味地继承这部经典之作，饰演张飞的演员王伟深入研究了张飞的性格特点，抓住其直爽与真诚的性情，在表演时充分运用柳子戏花脸唱腔“花脸横磨声如雷”的特色，以宏大的炸音展现张飞的威猛，同时辅以“鹰展翅”等身段动作，将张飞的豪迈气概展露无遗。而在刻画张飞内心的细腻变化时，王伟借鉴旦角动作的柔美及“咿”“呀”等轻声，使得表演节奏张弛有度。这样的创新演绎，不仅让古老剧目的韵味得以传承，还让张飞这一角色在当代舞台上更加鲜活，实现了与当代观众在情感上的共鸣。

（二）新编古装剧的探索：《老青天》塑造全新包公形象

《老青天》是一部取材于元杂剧《包待制陈州粜米》的新编古装戏。该剧讲述了年逾八旬的包拯微服私访、智惩贪官、义济饥民的故事，以古喻今，通过塑造清官反腐的典型形象，彰显廉政正义主题。在包公形象的塑造上，该剧不拘泥于传统，以浪漫生动的手法打造出一个清新脱俗的新包公。剧中既有观众耳熟能详的包公赴曹州断案、肃贪等情节，又增添了如被风尘女子雇作赶脚的“老使唤”等新颖桥段，以通俗、风趣和生活化的表演风格，展现出“包公戏”不同于传统的新面貌。在包拯的角色塑造中，该剧区别于以往以工架、造型为主的方式，而是更加强调唱功与情感表达的结合，使人物内在情绪得以更充分地传递。凭借鲜明的艺术特色与出色的舞台表现，《老青天》在第十二届山东文化艺术节中荣获“优秀剧目”与“优秀演员”奖项，充分肯定了其在传统题材创新表达上的探索成果。

（三）现代戏的首次尝试：《大河粮仓》的题材创新

作为山东省柳子戏艺术保护传承中心创作的首部现实题材作品，《大河粮仓》的诞生具有里程碑式的意义，标志着柳子戏在题材选择上实现了重大突破。

该剧剧情始于2015年秋的黄河岸边，主要讲述了博士生林春晓和同学来到黄河三角洲农业高新技术产业示范区，研发培育抗倒伏耐盐碱豆苗，在当地试验田负责人老潘等的帮助下，最终实现“黄豆雨”的故事。整个剧目聚焦于困难重重、永无止境的农业科研之路，生动描写了三代农业科技人员跨越七十余年的追梦之旅，展现了将黄河入海口盐碱地变身大河粮仓的质朴梦想，紧跟时代步伐，关注现实社会发展。

（四）小剧场戏曲的先锋实验：《妄》的创新探索

柳子戏《妄》是一部基于古希腊悲剧《俄狄浦斯王》改编的先锋实验剧，它在创作理念与舞台呈现方面有诸多创新之处，成功吸引了一批新兴观众群体，为传统剧种的当代表达与跨文化融合探索出一条崭新路径。该剧对原作进行了深度“中国化”改编，弱化了部分角色的工具性功能，并原创设置了“影”这一复杂多维的角色，以亦正亦邪的形象外化主人公“狄”的内心冲突与成长轨迹，从而增强了人物塑造的戏剧张力与情感深度。在舞台设计与叙事结构方面，《妄》采取非线性叙述与象征性布景相结合的策略，通过高低错落的梯子搭建出一个富于意象的舞台空间。这种极具表现力的结构为演员的“唱、念、做”表演提供了多维度的空间支持，使柳子戏传统程式在新的语境中获得了更为自由与生动的展现，彰显了该剧对传统与现代融合的深刻理解与艺术追求。音乐创作方面，该剧在沿袭柳子戏传统曲牌的基础上，通过套曲、集曲及二次变奏等方式，丰富了音乐层次与表现力，赋予剧种更高的可塑性与开放性。

（五）传播模式创新：多元渠道拓展影响力

在剧目创演不断突破的同时，柳子戏在传播模式上也呈现出日益多元化的趋势。山东省柳子戏艺术保护传承中心始终坚持以剧目创作为核心，着力打造一批兼具传统底蕴与时代特色的优秀剧作。该传承中心在山东临沂压油沟风景区开展惠民展演，为景区增添了人文体验新场景，让更多普通民众有机会近距离接触和欣赏柳子戏，通过“送戏”到街区、景区、学校、乡村等场所，让柳子戏走进大众生活。不仅如此，该传承中心还积极参与全国性的戏曲展演交流活动，如全国南戏展演、全国高腔优秀剧目展演等，以此扩大柳子戏在全国戏曲领域的影响力，提升剧种的艺术形象和学术价值。

同时，地方民间剧团在传播方式上亦展现出高度的灵活性与适应性。以武城县吕洼柳子吹腔剧团为例，该团体在传承过程中有针对性地调整演出形式，以更符合现代观众，尤其是青年群体的观演习惯。具体策略包括将传统大戏压缩改编为结构紧凑、节奏明快的小戏形式，将演出时间控制在一至两小时之内，以顺应现代社会的快节奏生活。同时，该剧团还创作了一批贴近现实生活、关注当下社会议题的新编剧目，增强了与观众之间的情感链接。服装、化妆与道具等视觉元素方面也力求精致考究，全面提升舞台表现力与审美质感，进一步增强柳子戏的艺术吸引力与传播效果。

通过以上多个方面的创新发展案例可以看出，山东柳子戏正在不断适应新时代的发展需求，在坚守传统基础上积极推动创新变革。这一过程中所体现出的创作活力与艺术张力，不仅为地方剧种的传承与发展提供了有益借鉴，也为中华优秀传统文化的当代表达提供了生动范例。未来，随着文化政策的持续支持与艺术生态的不断优化，柳子戏有望在更广阔的文化语境中拓展其影响力，实现更为深远的传承与发展。

第五章
黄河流域非物质文化遗产传承创新的局限、策略与发展趋势

第一节　传承创新的局限性

一、传承人才短缺

黄河流域非物质文化遗产传承与创新领域面临诸多人才瓶颈，这些瓶颈主要体现在培养体系不完善、传承人传承意愿下降、传承队伍老龄化、缺乏交流平台以及地域文化差异等方面。

（一）培养体系不完善

目前非遗人才培养多依赖师徒传承，缺乏系统、科学的院校教育体系。黄河流域内高校和职业院校开设的非遗相关专业有限，课程设置不完善、实践教学环节薄弱，难以满足产业化与创新发展对专业人才的需求。

（二）传承人意愿下降

由于年龄增长、生活压力及传承补贴不足等因素，不少传承人传承意愿降低，尽管他们掌握精湛技艺，但由于缺乏足够的社会认可和切实的经济激励，其积极性受到了极大影响，从而对非物质文化遗产的有效传承产生了负面效应。

（三）传承队伍老龄化

传承人群体老龄化趋势日益加剧是黄河流域非物质文化遗产传承所面临的突出问题之一，尤其在某些具体项目中表现尤为明显。以陕西地区的社火表演为例，尽管该项目已被列入国家级非物质文化遗产代表性项目名录，并拥有深厚的历史文化底蕴，但在组织大规模演出活动时却面临人才短缺的现实困境。这一问题的根源在于，当前年轻一代在择业时普遍更倾向于经济收益较高、发展前景更为明朗的职业路径，相较之下，传统技艺的学习与传承既耗时耗力，又缺乏稳定

的经济回报，从而难以吸引青年人才的持续投入。此外，现行的非物质文化遗产代表性传承人认定与管理机制亦在一定程度上加剧了传承困境。根据相关制度规定，若欲成为省级传承人，必须首先具备市级传承人资质，并需具备完整的传承谱系或明确的师承关系，全面掌握该项目的核心技艺与相关文化知识。同时，传承人还需承担授徒传艺、公益传播等一系列职责。这一系列门槛较高的认定标准，使许多有意从事非遗传承的年轻人望而却步，进而导致“老人仍在，新人不补”的现象日益严重。在具体的传承实践中，代际更替的断裂不仅造成技艺传承链条的不完整，也削弱了传统表演艺术持续发展的内生动力，形成了“新老断层”的结构性难题。

（四）缺乏交流平台

黄河流域尚未建立统一、高效、专业化的非遗传承人才交流平台，致使不同地区、不同类别非遗项目之间的传承主体缺乏系统性的经验分享与理念互动，使得传统技艺在传承与创新的过程中难以借助集体智慧实现协同发展，不仅不利于优秀传承经验的有效推广，也在一定程度上限制了跨界融合与多元创新的发生。

（五）地域文化差异

地域文化差异也在一定程度上形成了传承隔阂，部分非遗项目由于具有强烈的地方特色，如青海的热贡艺术，其独特的藏传佛教文化内涵在其他地区难以被充分理解和接受，从而限制了传承人才的来源范围。

二、资金投入匮乏

黄河流域非遗传承创新亟需资金支持，当前形势严峻。政府受部分地区经济发展制约，资金投入有限，难以满足众多非遗项目需求。社会资本因非遗项目投资特性，参与度低，让非遗市场化、产业化缺乏资金注入。在资金运用上，管理不善问题突出，分配不合理，监管有漏洞，导致资金浪费、挪用。资金不足、来源单一、管理混乱相互交织，严重阻碍黄河流域非遗保护与传承创新工作的开展。

（一）政府资金有限

由于黄河流域横跨多个省份，其中部分地区经济发展水平相对滞后，政府在非遗保护与传承创新方面的财政投入相对有限。有限的政府资金难以覆盖众多非遗项目在抢救、保护、传承和创新各个环节中的实际需求，导致一些具有重要文化价值的非遗项目因资金不足而面临濒危状态。这种财政短缺问题不仅削弱了各级政府在非遗保护领域的政策执行力度，也使得整体保护体系的持续性和科学性受到影响。

（二）社会资本参与度低

社会资本的参与度普遍偏低在很大程度上限制了非遗产业的市场化和产业化进程。由于非遗项目的商业开发涉及高难度的技术要求、较长的投资回报周期以及较高的风险，不少投资者和企业对非遗项目的投入热情不高。除了一些知名度较高、市场潜力显著的项目外，大部分非遗项目难以吸引足够的社会资金支持，进而制约了非遗项目的创新研发和市场推广。这种社会资本参与不足的问题，不仅导致非遗项目在转型升级过程中缺乏必要的外部资金支持，还可能加剧不同地区之间在非遗保护与传承上的资源不均衡现象。

（三）资金管理不善

在非物质文化遗产保护实践中，部分地区资金管理不善的问题较为突出，直接影响了非遗项目的持续发展与有效传承。部分项目由于长期依赖财政扶持而获得过多资源配置，形成“资源过度集中”的局面；而另一些真正急需支持、面临濒危的项目则因缺乏足够关注与投入而发展受限，难以维持基本的传承活动。当前非遗资金的使用监管体系尚不健全，缺乏系统性的监督机制与绩效评估标准，导致在实际操作过程中出现资金挪用、浪费甚至使用不当等问题。这种资金管理混乱不仅严重削弱了财政资金在非遗保护工作中的引导和激励功能，也在一定程度上打击了社会资本参与非遗保护的积极性，降低了公众对非遗事业可持续性的信心。久而久之，这种资金运作中的结构性失衡和信任缺失将形成恶性循环，不仅限制了非遗项目的成长空间，也制约了整个非遗保护体系的健康运转。

三、技术融合困难

在非物质文化遗产（非遗）保护与传承过程中，传统技艺的保存与现代技术的应用之间往往存在众多矛盾与挑战，其难点主要表现为以下五个方面。

（一）传统技术保护与现代技术利用的矛盾

许多非遗项目的核心价值源于世代相传的手工技艺与特殊的工艺流程，这些技艺通常具有高度的个体性、独创性与隐秘性。在将现代科技手段如数字化采集、自动化设备或人工智能应用于非遗实践的过程中，传承人与相关从业者往往担心技术介入会削弱或扭曲传统工艺的原真性与文化内涵，从而对其产生抵触与排斥。例如，在传统刺绣、木雕等项目中，传承人普遍认为，机械化操作难以体现“手工温度”和“技艺神韵”，所以对技术融合存在顾虑。

（二）技术标准与规范不统一

非遗领域涉及众多不同类型的项目，每个项目都有其自身的特点和技术要求，目前缺乏统一的技术标准和规范来指导技术融合。不同地区、不同项目之间的技术标准差异较大，使得在进行跨区域、跨项目的技术融合时，难以找到合适的对接点。例如，在传统建筑营造技艺和现代建筑技术融合时，由于两者在材料标准、施工工艺标准等方面存在差异，导致融合过程中可能出现技术不兼容的问题。

（三）技术融合成本过高

引入和应用新的技术往往需要一定的资金投入，包括购买设备、培训人员、研发适配技术等。对于许多非遗项目尤其是一些小众、规模较小的非遗项目来说，本身资金就比较紧张，难以承担高昂的技术融合成本。例如一些传统的民间音乐、舞蹈项目，要想实现与现代舞台灯光、音响等技术的融合，需要投入大量资金购置设备和进行技术调试，这使得许多非遗项目在技术融合过程中面临资金不足的困境，限制了它们的现代化发展和传播。

（四）技术人才的专业跨度大

实现非物质文化遗产与现代科技的有效融合，亟需既懂非遗技艺又掌握现代技术的复合型人才，但目前这类复合型人才十分匮乏。非遗传承人大多专注于传统技艺的传承，对现代技术的了解和掌握有限，而现代技术人才往往缺乏对非遗文化内涵的深入理解，难以将技术与非遗项目进行有效结合。例如，在使用虚拟现实技术进行非遗项目展示时，非遗传承人可能不懂新兴技术，而技术人员可能无法准确把握非遗技艺的文化精髓，这将导致展示效果无法充分体现非遗项目的价值。

（五）技术融合后的文化适应性问题

尽管现代技术为非遗保护带来了新的表达空间与传播路径，但也可能对非遗所依存的传统文化生态系统造成冲击，进而引发文化适应性的重大挑战。在实践中，不当或过度的技术介入常常削弱甚至破坏非遗的本质特征。一些非遗项目在技术应用过程中，为迎合市场或满足现代观众的审美习惯，过度强调视觉冲击与娱乐化表现，融入大量与非遗原生态无关的元素，导致其文化内涵被稀释、传统风格被掩盖。例如，传统戏曲在现代舞台上的改编常常以声光电特效取代原有表演程式，造成艺术精髓的弱化与文化传递的断裂。这种技术逻辑主导下的“再创作”虽提升了观赏性，却可能导致非遗从“活的文化”沦为“空洞的符号”。

四、区域协作不畅

黄河流域作为中国非物质文化遗产的重要承载地，地域广阔、文化资源丰富，然而在非遗保护与传承创新过程中存在缺乏统一规划与协调机制、资源分配与利用不均衡、文化认知与保护理念差异、地方保护主义阻碍等现象，这些因素不仅限制了区域间的沟通与合作，还影响了整体非遗保护工作的深化与延续。

（一）缺乏统一规划与协调机制

黄河流域涉及多个省份，各地区在非遗保护与传承方面往往从自身利益和认知出发，缺乏专门的跨区域协调机构和有效的沟通平台，使得各地区之间在非遗传承创新工作中的信息交流、资源调配等方面存在障碍。当出现利益冲突或需要协同合作的事项时，难以迅速有效地进行沟通协调。

（二）资源分配与利用不均衡

黄河流域各地区在非物质文化遗产（非遗）保护与传承中的资源配置呈现出显著不均衡状态，主要表现为资金投入和人才分布的地域性差异。经济发达地区由于财政实力雄厚，能够投入更多资源用于非遗项目的保护、开发与创新实践，在基础设施建设、非遗产品孵化以及平台搭建等方面取得了相对领先的进展。然而，经济相对落后的地区则面临资金短缺的问题，部分重要的非遗项目因缺乏持续性投入而陷入发展困境，甚至濒临消失的风险。同时，发达地区凭借其优越的教育资源、就业环境及政策支持，吸引了大量具有非遗研究背景和实践能力的专业人才，而中西部及基层地区则普遍面临人才流失、专业队伍建设滞后的问题，非遗传承与创新工作缺乏稳定的技术与智力支撑。资源配置的不均衡不仅削弱了整体非遗系统的协同性，也制约了黄河流域文化生态的均衡发展。

（三）文化认知与保护理念差异

不同地区在非遗文化的认知层次与保护理念上呈现出多样化态势，这种差异主要源于其所处的历史背景、社会结构与文化传统的差异性。有些地区在推动非遗发展的过程中，片面强调其经济价值，过度开发甚至商业化操作，使得非遗项目在逐步“产业化”的过程中失去了其原有的文化深度和精神内核，出现了“文化空心化”的风险；另外，一些地区对非遗的重要性认知不足，保护意识薄弱，缺乏系统性的政策支持与实施路径，导致许多非遗项目处于“自生自灭”的边缘状态。此外，在非遗传承创新过程中，各地区的保护理念和方式也存在分歧。有的地区强调保持原汁原味地传承，而有的地区则倾向于创新融合。这种理念上的差异在跨区域协作过程中往往难以形成有效共识，从而影响合作效率与整体保护战略的协同推进。

（四）地方保护主义阻碍

在实际操作中，地方保护主义成为阻碍黄河流域非遗跨区域协作的重要障碍。为维护本地文化资源的独特性与行政利益，一些地方政府可能设定进入壁垒，限制外部资金、人才和技术的引入，甚至在非遗项目的申报、认定与品牌推广等环节中表现出明显的排他性与竞争倾向。这种“文化封闭性”不仅削弱了非遗资源的共享与流动性，也妨碍了协同创新与跨区域整合的推进。

五、市场认知局限

黄河流域的非遗传承创新在市场化过程中面临多重挑战，主要体现在产品创新不足、营销渠道单一、市场定位模糊、市场调研欠缺以及品牌建设意识薄弱等方面。这些问题限制了非遗文创产品的市场竞争力和影响力，阻碍了非遗文化的有效传承与发展。

（一）产品创新不足

当前，黄河流域部分非遗文创产品在形态设计、功能开发与文化表达上仍停留在传统模式，不能满足现代消费者的审美需求。例如，部分传统手工艺品在图案、造型及材质运用方面多年未有实质性变革，既不能与当代时尚潮流相结合，也无法满足年轻一代对“文化新颖性”与“功能实用性”的双重需求，导致市场反响不佳，产品更新动力不足。

（二）营销渠道单一

非遗产品的销售渠道主要集中在传统的旅游景区商店、线下集市等，对电商平台、新媒体营销等新兴渠道利用不足。这使得非遗产品的销售范围受限，无法触达更广泛的消费群体，限制了市场规模的扩大和产品的传播推广。

（三）市场定位模糊

许多黄河流域非遗文创产品企业没有清晰界定自己的目标客户群体，不清楚哪些人群会对其产品或服务感兴趣，是面向追求文化内涵的高端消费者，还是注重实用价值的普通大众，抑或热衷于文化体验的年轻群体等，缺乏精准定位，导致市场推广缺乏针对性。

（四）市场调研欠缺

部分黄河流域的非遗文创产品企业未深入了解市场对非遗产品或服务的需求状况，缺乏对消费者在功能、款式、价格、购买渠道等方面的期望和偏好的认知。同时，这些企业对同类非遗产品或其他替代产品的市场竞争情况研究不足，对竞争对手的产品特点、价格策略、市场份额、营销手段等缺乏了解，因而难以制定有效的市场竞争策略。

（五）品牌建设意识薄弱

在黄河流域的非物质文化遗产传承与创新过程中，许多项目未能充分认识到品牌建设的重要性，忽视了对品牌的培育与塑造，使得这些非遗项目在现代市场环境中失去了辨识度和美誉度，无法在激烈的市场竞争中脱颖而出，进而影响了其文化传播与商业化发展的可持续性。

六、知识产权保护薄弱

黄河流域的非遗项目在知识产权保护方面面临着多重挑战。从意识层面来看，部分传承人及从业者对知识产权保护的重视程度严重不足；在实际操作中，非遗项目本身的特性又给保护工作增添了极大难度；在司法维权方面，权利人面临着诉讼成本高的困境，高昂的成本让许多人望而却步；而在侵权赔偿环节，较低的赔偿标准难以对侵权行为形成有效遏制，无法充分保障权利人的合法权益。这些问题相互交织，严重阻碍了黄河流域非遗的知识产权保护工作，对非遗的传承与创新发展构成了巨大挑战。

（一）意识淡薄

黄河流域部分传承人及相关从业者对知识产权保护的重要性认识不足，未能充分认识到专利、商标、著作权等知识产权工具在维护传统技艺独创性和文化价值中的关键作用。这种认知不足导致他们缺乏主动申请和使用知识产权保护措施的意识，使得其独特技艺和文化作品易受到随意模仿和抄袭，从而使传承人的合法权益未能得到应有的保障。

（二）保护难度大

非遗项目具有特殊性，其知识产权的界定和保护存在一定难度。例如，一些传统技艺可能是代代相传的经验积累，缺乏明确的创作时间和作者，难以按照现行知识产权法规进行保护。而且，非遗项目的传播范围广、形式多样，侵权行为难以发现和取证，增加了知识产权保护的难度。

（三）诉讼成本较高

对于知识产权权利人来说，通过司法途径维护自己的权益往往需要承担较高的成本。包括时间成本、经济成本和精力成本等。知识产权案件的审理通常需要较长时间，从立案、审理到判决可能需要数月甚至数年，这期间权利人需要投入大量的时间和精力。同时，诉讼过程中的律师费、诉讼费、鉴定费等费用也较高，对于一些小微企业或个人创作者来说，可能难以承受，从而放弃通过司法途径维权。

（四）赔偿标准较低

知识产权侵权案件中，目前的法定赔偿标准往往难以充分弥补权利人的实际损失。侵权赔偿数额的确定通常需要考虑多种因素，但在实际操作中，由于知识产权的价值难以准确量化，以及证据收集困难等，赔偿数额往往较低，不足以对侵权行为形成足够的威慑力。这使得一些侵权者在权衡侵权成本和收益时，可能选择冒险侵权。

第二节　传承创新策略

一、加强政策与法制框架的构建与优化

（一）构建完善的法律保障体系

1. 制定《黄河流域非物质文化遗产保护条例》

黄河流域横跨九个省区，各省区都各自出台了与非物质文化遗产保护相关的地方性法规，这些法规在一定程度上覆盖了黄河流域本省区域内非遗的保护工作。但这些非遗保护法律规定分散在各地方性法规中，缺乏统一协调，不同地区对非遗项目的认定标准、保护措施存在差异，导致在跨区域非遗项目保护上易出现漏洞。例如，一些在黄河流域多地流传的民俗活动，因各地法规不一致，在传承与发展上难以形成合力。制定统一的《黄河流域非物质文化遗产保护条例》，

能够整合分散法规，构建全面、系统的保护体系，确保非遗保护工作在整个流域内有序、规范开展，避免出现保护空白或重复保护的情况。

2. 明确责任主体与法律责任

明确责任主体与法律责任，是保障非遗保护工作有序推进的关键环节。现阶段，非遗保护责任主体的界定存在模糊之处，这直接导致部分地方政府与文化机构在执行过程中相互推诿，严重影响了保护工作的效率与质量。因此，亟待进一步厘清各方责任。就政府责任而言，地方政府需定期对本地区非遗保护状况展开全面评估，结合实际情况制定切实可行的实施细则，并提供稳定的财政支持。从社会责任层面出发，应积极鼓励企业与社会组织投身非遗保护事业，通过税收减免、资金补助等方式，对其贡献予以法律认可，激发社会力量参与的积极性。针对传承人责任，构建科学合理的评价体系势在必行。明确规定传承人需承担定期开展培训、详细记录技艺细节等义务，以此确保非遗知识的可持续传承。

3. 保障传承人的权益

现行法规在传承人的权益保障方面存在明显不足，传承补助标准不明确且发放不稳定，在税收优惠、场地使用等方面亦缺乏具体政策支撑。这使得许多传承人因经济压力，难以全身心投入传承工作，甚至面临传承断层的严峻困境。故而，应明确规定传承人的经济补助标准，依据非遗项目的濒危程度、传承难度、市场影响力等多元因素，制定差异化补助方案，并确保资金按时足额发放。与此同时，给予传承人税收减免、免费或低价使用场地用于传承教学等优惠政策，为其创造良好的传承条件。

4. 完善资金投入与管理机制

非遗保护工作的顺利开展，离不开大量资金的支持。然而，现行法规在资金投入方面的规定较为笼统，未明确各级政府的资金投入责任比例，导致资金投入呈现不稳定且不均衡的态势。以黄河流域为例，经济发展水平不同的省份，在非遗保护资金投入上存在显著差异，部分经济欠发达地区资金匮乏，极大地制约了非遗保护工作的推进。为此，应通过立法明确中央与地方政府在非遗保护资金投入中的比例。具体而言，可规定中央政府承担一定比例的基础保护资金，地方政府则依据当地非遗项目数量、濒危程度等因素，按相应比例配套资金。此外，拓宽资金来源渠道，鼓励社会资本通过捐赠、投资等方式参与非遗保护，并给予相应的税收优惠政策。在资金管理方面，当前缺乏有效的监督机制，部分地区存在资金挪用、滥用现象，严重影响了资金使用效率。因此，应设立专门的非遗保护资金监管机构，对资金使用情况进行全程监督，并定期公布资金使用明细，确保资金专款专用。同时，完善资金绩效评估机制，对资金投入后的保护效果进行科学评估，依据评估结果及时调整资金分配方案。

5. 设立非遗司法保护机制

设立非遗司法保护机制，是应对非遗领域侵权行为的重要举措。针对非遗技艺的非法复制、商业剽窃等侵权行为，应构建专门的司法维权渠道，如设立非遗仲裁机构，为传统艺人和企业提供便捷、高效的维权途径，鼓励其通过法律手段维护自身合法权益。同时，强化执法与监督力度，完善的法律法规需依托有效的执法与监督机制方能落地生效。检察机关应积极发挥在非遗保护领域的公益诉讼职能，切实保障法律的有效实施。

（二）优化政策支持体系

1. 强化财政支持与专项基金建设

政府应加大对黄河流域非遗保护的财政投入，设立专项基金用于非遗传承人补助、学术研究、数字化保存、跨界创新等。同时，可鼓励社会资本参与，通过基金会、企业捐助等方式扩大资金来源。

2. 加强传承人扶持政策

为了推动非物质文化遗产的有效传承，应依据非遗项目的濒危程度、传承难度、市场影响力等多维指标，制定差异化的经济补助方案。这一方案不仅要求根据各项目的实际情况设定具体的补助标准，还应确保补助资金按时足额发放。为此，建议设立专门的资金发放账户，由财政部门直接拨付，杜绝资金截留或挪用现象，从而确保资金使用的透明度和高效性。此外，在税收政策方面，应出台针对传承人的优惠措施，对其因参与传习活动、作品销售等获得的相关收入实行税收减免，例如免征增值税和个人所得税，以切实降低传承人因经济压力而可能面临的传承断层风险。在传承责任政策方面，有必要明确传承人的义务与责任。具体而言，应制定明确的传承责任政策，要求传承人定期举办传习班，并规定每年必须培养一定数量的徒弟，例如传统技艺类传承人每年至少培养 5 至 10 名徒弟。对于积极履行传承责任且成果显著的传承人，应给予表彰和奖励，如评选“优秀非遗传承人”、颁发奖金和荣誉证书，同时在项目申报、资金扶持等方面给予优先支持。反之，对于未能履行传承责任的传承人，则应采取警告、暂停或取消其传承资格等惩戒措施，促使其切实履行传承义务。

3. 优化项目扶持政策

在非物质文化遗产项目的管理与创新过程中，首先必须完善项目认定政策，并进一步细化认定标准。具体而言，应在历史渊源、艺术价值与科学价值三个维度上建立量化评估体系。首先，在历史渊源方面，明确规定非遗项目的传承要求必须追溯至一定历史时期，例如不少于100年的历史传承，这一要求既能保证项目的历史真实性，又有助于甄别传承的连续性。其次，在艺术价值方面，应从作品的创新性、审美性及文化内涵等多个维度出发，制定具体的评分标准。例如，在音乐类非遗项目中，可以对旋律的独特性、和声的丰富度等指标进行量化评估，以确保认定标准的客观性和科学性。最后，在科学价值方面，须详细阐述传统手工艺中所蕴含的科学原理与应用领域，如传统陶瓷制作工艺中对材料配方、烧制温度控制等关键技术的系统性描述。通过这一系列标准的细化，不仅有助于提高非遗项目认定的准确性和公正性，而且为后续的传承与创新提供了坚实的基础。

与此同时，根据非遗项目的不同类型，制定针对性的分类保护政策也显得尤为重要。在传统技艺类项目中，除了扶持传承人外，政策还应支持技艺传承场所的建设，确保原材料供应渠道畅通，并鼓励开展技艺创新研发，对创新成果给予奖励。对于民俗活动类项目，则需明确活动场地规划责任，由地方政府协调提供合适场地举办各类民俗活动，同时建立专门的组织协调机制，如成立民俗活动组织委员会，负责策划、组织与实施，并制定严密的安全保障措施以确保参与者的人身安全。至于口头传说类项目，应加大数字化记录与整理力度，建立专门的数据库，并通过系统性的传承人培训与推广活动，提升传承人的讲述能力和传播影响力。这些分类保护措施的制定，旨在通过针对性政策的实施，实现非遗项目保护的精细化管理，从而提高整体保护工作的效率和效果。

此外，应出台鼓励非遗项目创新发展的政策，支持非遗与现代科技、文化创意产业的深度融合。例如，可以对利用虚拟现实（VR）或增强现实（AR）技术展示非遗项目的企业或机构给予专项资金支持，同时鼓励开发非遗主题的动漫、游戏、影视作品等文化创意产品。为此，设立非遗创新发展专项资金，对于在项目创新方面取得突出成绩的单位和个人给予奖励，不仅有助于激发传统艺术的新活力，也使得古老的非遗项目能够以全新的方式与现代观众产生共鸣。

4. 构建非遗活力指数(ICH-Ⅵ)并实施年度动态评估政策

可构建非遗活力指数(ICH-Ⅵ)，涵盖传承力、创新力、传播力等6个维度32项指标，实施年度动态评估。构建该指数的具体举措如表5-1所示。

表5-1 非遗活力指数构建措施

维度	指标	内容
传承力	传承人数量增长	统计每年新认定的各级非遗传承人数量，以及传承人群体的总体规模变化，反映非遗传承队伍的扩充情况
	传承人才结构合理性	评估不同年龄段、不同技艺水平传承人的占比，如中青年传承人的比例、高技能传承人的占比等，判断传承人才结构是否利于可持续发展
	传习活动开展频次	记录传承人举办传习班、讲座、工作坊等活动的次数，体现传承活动的活跃程度
	徒弟技艺掌握程度	通过对传承人的徒弟进行技能考核，评估徒弟对非遗技艺的掌握水平，可采用量化评分方式，如熟练掌握核心技艺得高分，部分掌握得中等分等
	传承谱系完整性	考察非遗项目传承谱系的延续情况，是否存在传承断层风险，如谱系中每一代传承人的记录完整性等
	传承场所稳定性	统计固定传承场所的数量及使用时长，评估传承场所是否能持续为传承活动提供保障
创新力	创新作品数量	统计每年基于非遗元素创作的新作品数量，如创新的传统手工艺作品、新编的非遗戏曲剧目等
	创新项目投入资金	核算用于非遗创新项目的资金投入额度，包括政府扶持资金、社会投资资金等，反映对创新的资源支持力度
	融合创新案例数量	记录非遗与科技、文化创意产业、其他艺术形式等融合创新的成功案例数量，如非遗与虚拟现实技术结合的展示项目
	创新项目市场反馈	通过市场调研，收集创新后的非遗产品或服务的市场销售额、用户满意度等数据，评估创新成果的市场接受度
	创新人才培养数量	统计参与非遗创新培训或培养的专业人才数量，包括设计人才、科技人才等，衡量创新人才储备情况
	知识产权申请数量	统计非遗创新成果申请专利、商标、著作权等知识产权的数量，体现对创新成果的保护和价值挖掘

续表

维度	指标	内容
传播力	媒体曝光量	统计传统媒体（报纸、电视、广播）和新媒体（社交媒体、网络新闻平台）对黄河流域非遗的报道次数、文章阅读量、视频播放量等，衡量媒体传播的广度
	线上传播互动率	分析社交媒体平台上非遗相关话题的讨论热度，如点赞数、评论数、转发数等，评估线上传播的互动效果
	线下活动参与人数	统计非遗展览、演出、民俗活动等线下传播活动的参与人数，反映线下传播对公众的吸引力
	文化旅游融合带动游客量	核算因非遗文化旅游项目带动的游客数量，评估非遗在文旅融合中的传播影响力
	传播渠道多样性	评估利用了多少种不同的传播渠道推广非遗，如短视频平台、直播平台、文化交流活动等，体现传播渠道的丰富程度
	国际传播影响力	统计在国际媒体、国际文化交流活动中黄河流域非遗的曝光度、国际受众反馈等，衡量其在国际上的传播影响力
社会影响力	公众认知度	通过问卷调查等方式，了解公众对黄河流域非遗项目的知晓程度，如能说出至少三个非遗项目名称的公众比例
	学校教育融入度	统计在学校教育体系中开设非遗课程的学校数量、参与非遗课程学习的学生人数，评估非遗在教育领域的推广程度
	社区参与度	记录社区组织的非遗活动数量、社区居民参与非遗活动的人数，体现非遗在社区层面的影响力
	社会捐赠金额	统计社会各界对非遗保护与发展的捐赠资金总额，反映社会对非遗的支持力度
	行业影响力	评估非遗项目在相关行业（如文化产业、手工艺行业等）中的地位和影响力，如是否引领行业发展趋势、参与行业标准制定等
产业发展	非遗产业产值	核算黄河流域非遗相关产业的总产值，包括传统手工艺产品销售、非遗文化旅游收入、非遗演艺收入等
	产业从业人数	统计从事非遗产业的人员数量，反映产业的规模和吸纳就业能力
	产业品牌数量	统计具有一定市场知名度的非遗产业品牌数量，评估产业品牌建设情况
	产业园区建设数量	统计已建成并投入运营的非遗产业园区数量，衡量产业集聚发展水平
	产业经济效益增长率	对比不同年度非遗产业的产值、利润等经济指标，计算增长率，评估产业的发展态势

续表

维度	指标	内容
政策支持维度	政策数量	统计国家及地方政府出台的与黄河流域非遗保护、传承、创新、发展相关的政策文件数量
	政策资金投入落实率	核算政策规定的资金投入实际到位金额与计划投入金额的比例，评估政策资金的落实情况
	政策覆盖全面性	评估政策是否涵盖非遗保护的各个环节，如传承人才培养、项目保护、产业发展、传播推广等，衡量政策的全面性
	政策执行效果反馈	通过收集政策实施对象（传承人、企业、社会组织等）对政策执行效果的反馈意见，评估政策的有效性

年度动态评估工作可分为四个关键步骤，每一阶段均需严格遵循科学、系统的流程，以确保评估结果的客观性与准确性。

首先，在数据收集阶段，应于每年初制定详尽的数据采集计划，并成立专门的数据收集小组，成员包括文化部门工作人员、专业调研机构人员等。通过问卷调查、政府统计数据和网络监测等多渠道采集相关数据，确保数据来源多元、覆盖面广，进而为后续数据分析提供坚实基础。

其次，在数据整理与分析阶段，需对收集到的数据进行筛选，剔除无效或异常数据，并运用统计学方法对各维度指标进行定量分析。例如，在传承人数量增长指标上，通过比较当年与上一年度的传承人数量差值及增长率，评估传承力度；在创新项目市场反馈方面，则可依据销售额、用户满意度等指标进行综合评分。此阶段不仅要求数据分析方法科学严谨，而且需要对数据变化的内在原因进行初步探讨，以便为下一步报告撰写提供有力支撑。

再次，基于数据分析结果，撰写年度非物质文化遗产活力指数评估报告。该报告内容应涵盖各维度指标的得分情况、与上年度的对比分析以及各指标变化的原因探析，同时对黄河流域非遗整体活力水平做出综合评价。报告应采用图文并茂的方式，利用统计图表直观展示数据变化趋势及评估结果，既有助于增强报告的说服力，也便于政府、企业和社会组织等相关方对数据进行快速解读。

最后，将评估报告向社会公开发布，并广泛征求各方意见反馈。通过多渠道、全方位收集政府部门、企业、传承人及公众对评估结果的意见和建议，有助于发现评估过程中存在的问题，并为优化评估指标体系与方法提供改进依据。根据反馈，及时调整和完善非遗活力指数评估体系，确保其不断适应非遗保护与传承的新要求，推动整体评估工作向更加科学化、精准化方向发展。

二、强化数字技术在非遗保护中的深度应用

(一) 利用数字技术实现非遗的全面记录与存储

1. 建立多模态数据库

首先，应综合运用图像采集、高清摄像、3D 建模及音频录制等多种数字技术，对黄河流域内各类非遗项目进行全方位记录。例如，对于传统手工技艺，通过 3D 建模技术精准再现其制作工具和工艺流程；对于非遗戏曲，则利用高清摄像及多声道音频录制手段，完整保留表演过程中的唱腔、动作与舞台布景等细节。将上述多源数据整合，构建起多模态数据库，有助于实现非遗信息的永久存储与便捷检索。

2. 开展数字化田野调查

在数据采集的基础上，借助移动设备和地理信息系统（GIS）等现代技术，开展数字化田野调查显得尤为关键。调查人员在实地考察过程中，可通过专门设计的手机 APP 实时记录非遗项目的地理位置、环境特征以及传承人口述历史等信息，并及时上传至云端数据库。利用 GIS 技术，还可以直观展示非遗项目在黄河流域的空间分布，为区域保护规划提供坚实的地理空间数据支持。

3. 构建知识图谱

通过应用语义网和知识图谱技术，将非遗项目涉及的人物、事件、技艺及文化内涵等各类信息进行关联整合，可构建出具有高层次语义关系的知识图谱。例如，在对某一传统节日非遗项目进行研究时，可将节日起源、历史传说、仪式流程及民俗寓意等信息系统化展示，从而帮助研究者和公众更直观地理解非遗知识体系的内在联系，并为深度挖掘与传播提供有力支撑。

4. 进行区块链存证

鉴于区块链技术在数据不可篡改和可追溯性方面的优势，利用该技术对非遗记录数据进行存证，能够确保数字化资料的真实性和完整性。具体而言，对于传承人的珍贵手稿、早期表演影像等数字化成果，通过区块链记录其创建时间及修改历史，不仅为版权保护及传承权益争议提供可靠证据，也为非遗保护体系增添了一道技术保障。

5. 开展语音识别与转写

针对非遗传承人口述历史及传统戏曲的唱腔念白等音频资料，运用先进的语

音识别技术将其转化为文本数据，不仅大大提高了信息检索的效率，还为后续的文本分析和文化解读提供了重要基础。通过关键词搜索等功能，研究人员可以快速定位相关传承人言述内容，从而实现对大量音频资料的系统性管理和深入研究。

6. 创建数字孪生模型

对于具有实体空间特征的非遗项目，如传统建筑营造技艺对应的古建筑，采用数字孪生技术创建其虚拟模型具有重要意义。通过对古建筑结构、材料与装饰等方面的精细数字化建模，不仅可以永久保存其原貌信息，还能模拟建筑在不同环境因素下的变化情景，为保护和修复提供科学依据。此外，这一技术还可为公众提供全新的虚拟参观体验，增强非遗项目的互动性和传播效果。

（二）依托数字技术创新非遗展示与体验方式

1. 打造沉浸式展示空间

通过虚拟现实（VR）与增强现实（AR）技术构建沉浸式展示空间，可为观众提供全感官的互动体验。具体而言，可通过构建虚拟黄河流域民俗村落，使观众在佩戴 VR 设备后能够身临其境地感受传统民居建筑和民俗活动的氛围，并与虚拟环境中的非遗传承人进行实时互动，从而学习传统技艺的制作过程。此外，在博物馆和文化馆等公共场所设置 AR 互动展示区，观众只需通过智能手机扫描展品，即可获取详尽的图文、音频和视频介绍，从而大幅提升参观体验的丰富性和趣味性。

2. 开发数字互动体验产品

结合游戏引擎技术开发非遗主题的数字互动体验产品，为传统文化的传播注入新的活力。例如，可设计以黄河流域传统戏曲为背景的角色扮演游戏，玩家在游戏中扮演戏曲角色，通过学习唱腔和表演动作来完成剧情任务，在娱乐的同时深入了解非遗文化。此外，借助体感技术开发非遗传统体育和舞蹈的互动体验装置，也能够使观众在参与过程中直观感受传统技艺的魅力与韵味。

3. 举办线上非遗展览

利用 3D 全景展示技术搭建线上非遗展览平台，将传统线下展览转移至数字空间，使观众无需亲临现场便可全方位浏览展览内容。例如，对于黄河流域非遗手工艺品的展示，观众可通过 360 度旋转视角仔细观察展品细节，并通过点击获得详细的介绍及制作工艺讲解视频。同时，虚拟导览员的语音讲解功能可进一步模拟实地参观体验，增强线上展览的互动性与吸引力。

4. 开展实时互动直播教学

借助直播技术开展实时互动教学也是一种有效的传承方式。通过邀请非遗传承人进行现场教学，观众可以通过弹幕等互动方式即时提问，传承人则通过示范和讲解予以解答。直播平台设置的回放功能使得未能实时参与的观众也能在事后观看学习，同时结合投票、抽奖等互动环节，不仅提高了观众的参与度，还增强了传承教学的趣味性和影响力。

5. 开发非遗主题数字艺术作品

运用数字艺术创作软件将非遗元素与现代艺术形式相融合，开发非遗主题数字艺术作品。以黄河流域民间故事为蓝本制作数字动画短片，或将传统戏曲元素融入数字音乐创作中，均可打造出具有独特风格的艺术作品。这类作品通过在各大数字艺术平台上的展示，能够吸引更多艺术爱好者关注非遗，进而拓宽非遗的受众群体。

6. 推出 AR 导览地图

为非遗文化街区和博物馆等场所开发 AR 导览地图，亦是构建数字化展示体系的重要环节。通过智能手机上的 AR 导览应用，观众可扫描周边环境，实时在屏幕上看到历史建筑的 AR 复原展示、传统店铺的虚拟招牌等虚拟非遗元素，同时获得路径规划和详细说明，从而实现便捷且富有创意的参观体验。

（三）借助数字技术拓展非遗传播渠道与范围

1. 构建全媒体传播矩阵

在数字技术飞速发展的当下，构建全媒体传播矩阵成为推动非物质文化遗产广泛传播的关键路径。应用前沿数字技术，构建全媒体传播矩阵，对电视、广播、网站、社交媒体等多元媒体平台进行系统性整合，推动传统媒体与新兴媒体的深度融合，进而构建起一套跨媒体、全渠道的数字传播体系。可在电视和广播等传统平台上设立专门的非遗专题节目，借助先进的数字特效技术，对节目内容进行精心包装，提升节目视觉冲击力与艺术感染力，以此吸引观众与听众的注意力，激发其对非遗文化的兴趣；而在新媒体领域，可通过抖音、快手等短视频平台，发布非遗技艺制作过程的短视频，充分发挥短视频、直播等多媒体形式的优势，实现非遗动态的实时、高效传播。

2. 开展国际数字传播合作

可通过与国外主流视频网站展开深度合作，将精心制作的非遗纪录片上线发布，以生动、直观的形式全方位展现黄河流域非遗项目的独特魅力，从而有效吸引国际观众的目光，激发他们对黄河流域非遗文化的浓厚兴趣。与此同时，还可在国际社交媒体平台上开设官方账号，定期且持续地发布与黄河流域非遗相关的多元化内容，如非遗传承人的故事、非遗技艺的展示、非遗活动的精彩瞬间等。通过这种常态化的内容输出，构建起与国际受众互动交流的桥梁，吸引国际受众主动关注，逐步增强他们对黄河流域非遗的认知与理解，提升黄河流域非遗在国际文化领域的影响力，实现黄河流域非遗文化的广泛传播与传承创新。

（四）运用数字技术助力非遗保护决策与管理

1. 深化数据挖掘与分析

通过在非遗线上展示平台和数字互动体验产品中嵌入先进的数据分析工具，可以系统地收集用户浏览、点击及互动行为数据。这些数据可为研究者提供深入理解用户对不同非遗项目、展示形式和互动环节的偏好打下基础。例如，通过统计线上展览中各展品页面的停留时间，可以客观地评估用户对各类非遗展品的关注度，从而为线下展览的策划提供依据，使得展示内容更贴近公众需求。

此外，可通过整合非遗产品市场销售数据、行业动态及消费者需求调研数据，利用大数据分析模型和机器学习算法，对非遗相关产业的市场趋势进行科学预测。例如，研究者可以对黄河流域非遗手工艺品在电商平台上的销售数据进行分析，并结合消费者年龄、地域和消费习惯等多重变量预测未来不同类型手工艺品的市场需求变化。基于这些预测结果，保护管理部门能够有针对性地引导传承人调整创作方向，合理规划非遗产业发展，避免资源浪费，并提升非遗产品的市场竞争力。

2. 构建智能监测与预警系统

首先，可通过物联网技术对非遗项目的实物载体和传承场所进行实时监测。例如，在博物馆中安装温湿度传感器、震动传感器等设备，实时采集环境数据，确保文物存放环境始终符合保护要求。同时，可在非遗传承场所部署摄像头监测人员活动情况，以了解传习活动的频率，并在数据异常或活动长时间未开展时，通过系统自动预警，促使保护管理部门及时介入。

其次，可建立传承人群体数据库，运用数字技术对传承人的健康状况、传承意愿、生活需求等进行监测。通过定期线上问卷调研、健康数据采集等方式收集信息，如了解传承人因身体原因无法正常开展传承工作的情况，或传承人的经济困难导致传承积极性下降等问题。根据监测结果，管理部门能够及时为传承人提供相应的支持与帮助，保障非遗传承工作顺利进行。

此外，可构建非遗保护资金管理信息系统，实现对资金来源、分配及使用全过程的记录与跟踪，则有助于通过数据挖掘技术深入分析资金流向，明确各级政府在资金投入中的实际比例及社会资本的参与情况。若分析结果显示部分地区政府资金投入占比较高而社会资本参与度不足，这可能反映出当地缺乏有效的社会资本激励机制，此时便需调整资金投入政策，优化资金来源结构，以提高资金投入的稳定性和均衡性。

3. 建设智慧化管理平台

可搭建非遗保护智慧化跨部门信息管理平台，通过整合文化、财政、教育、旅游等多个相关部门的非遗管理数据，实现文化部门非遗项目申报与评审数据、财政部门保护资金拨付数据以及教育部门非遗进校园课程数据的实时共享，从而有效地避免信息孤岛现象，并促进各部门间的高效协作。同时，该平台还应具备实时更新非遗项目保护进展、传承人活动情况和资金使用明细的功能，为各部门在制定保护规划时提供科学且全面的数据支撑，确保政策决策基于充分的信息依据。

三、促进文化旅游与非物质文化遗产的结合

（一）开发非遗主题旅游文创产品

1. 特色手工艺品开发

非遗主题的特色手工艺品是非遗技艺的直观呈现，是非遗技艺传播的载体，能够带动上下游相关产业的协同发展，创造经济效益。因此，可依托黄河流域丰富的非遗手工艺，如剪纸、刺绣、陶瓷等，开发具有地域特色和文化内涵的旅游纪念品。例如，将黄河文化元素融入剪纸作品，设计成精美的书签、装饰画等；把传统刺绣技艺应用于制作丝巾、手帕等旅游商品。同时，可开设手工艺品制作工作坊，让游客在旅游过程中亲身体验非遗制作过程，增加旅游趣味性与参与感。

2. 非遗美食体验产品

应重点挖掘黄河流域丰富的美食文化资源，并开发具有体验性的美食旅游产品。首先，可通过举办非遗美食节的方式，集中展示山东煎饼、河南烩面、山西面食等地方特色美食的制作工艺，使参展游客不仅能够品尝正宗美食，还能通过参与制作课程，深入了解这些美食背后的历史渊源和文化内涵。其次，建议在重

点区域打造非遗美食街区，将具有代表性的传统美食店铺集中规划布局，营造浓厚的饮食文化氛围，从而吸引更多游客前来体验、打卡和传播。

3. 民俗演艺产品打造

以黄河文化为整体背景，将黄河流域的传统戏曲、舞蹈、杂技等非遗表演形式进行整合创新，打造民俗演艺旅游产品。可创作大型实景演出，通过融合传统戏曲唱腔与古典舞蹈动作，并借助现代舞台技术进行呈现，从而为观众提供震撼且富有感染力的视听体验。此外，在景区内定期组织民间杂技表演、戏曲选段演唱等小型非遗演艺活动，不仅能够丰富游客的观赏内容，还能使其在不同场景中切实感受到传统文化的魅力。

（二）设计非遗主题旅游线路

1. 文化遗址串联线路

结合黄河流域的历史文化遗址与非遗项目，设计主题旅游线路。例如，以西安兵马俑、洛阳龙门石窟等文化遗址为节点，串联沿途的传统手工艺传承村落、民俗博物馆等非遗场所，让游客在领略历史文化魅力的同时，深入了解非遗传承发展情况。在线路行程安排中，设置非遗体验环节，如在传统村落学习民间陶艺制作，在民俗博物馆参与民俗活动。

2. 沿黄河风情线路

打造沿黄河非遗风情旅游线路，从黄河源头到入海口，沿途展示不同地域的非遗文化。如在青海领略藏族传统歌舞、唐卡绘制技艺；在山东感受柳子戏、杨家埠木版年画等非遗项目。通过游船、自驾等多种旅游方式，让游客在欣赏黄河自然风光的同时，深度体验沿线非遗文化，形成独特的旅游体验。

3. 乡村非遗体验线路

聚焦黄河流域的乡村非遗资源，开发乡村非遗体验旅游线路。将拥有传统农耕文化、乡村手工艺、民俗节庆的乡村串联起来，游客可以参与农事活动，学习传统编织、酿造技艺，体验乡村民俗节庆，感受乡村非遗的独特魅力。例如，在特定时节组织游客参与乡村庙会，体验传统祭祀、民间艺术表演等活动。

（三）举办非遗文化旅游活动

1. 主题节庆活动

举办各类非遗文化主题节庆活动，如黄河流域非遗文化节。活动期间，集中展示各地非遗项目，包括传统技艺展示、民俗表演、非遗美食展销等。邀请非遗传承人现场表演、教学，举办非遗学术研讨会，吸引国内外游客和专家学者参与，提升非遗文化旅游的知名度与影响力。

2. 非遗文化周

在景区或城市中心区域开展非遗文化周活动，每周聚焦一个非遗项目或一个地区的非遗文化。例如，第一周展示陕西皮影戏，通过皮影制作展览、表演、互动体验等形式，让游客深入了解皮影戏文化；第二周展示山西民间面塑技艺，举办面塑大赛、面塑美食节等活动，持续吸引游客关注，延长游客停留时间。

3. 文旅融合赛事

举办非遗文化与旅游融合的赛事活动，如非遗主题摄影大赛、短视频创作大赛等。鼓励游客用镜头记录黄河流域非遗文化与旅游融合的精彩瞬间，通过线上线下相结合的评选方式，对优秀作品进行展示和奖励。赛事活动不仅能激发游客参与热情，还能借助参赛作品的传播，提升非遗文化旅游的知名度。

（四）打造非遗主题旅游住宿

1. 非遗文化民宿

在黄河流域的传统村落或景区周边，打造非遗文化主题民宿。将当地的非遗元素融入民宿的建筑设计、室内装饰与服务体验中。例如，在陕北地区，以窑洞建筑为基础，结合剪纸、信天游等非遗元素，打造具有陕北特色的民宿。房间内装饰有精美的剪纸作品，为客人提供信天游演唱体验，还可安排客人参与窑洞建造技艺的简单学习，让游客在住宿过程中全方位感受非遗文化。

2. 非遗主题酒店

在城市或大型旅游景区内，建设非遗主题酒店。酒店大堂可展示大型非遗艺术作品，如黄河流域的大型根雕、陶瓷雕塑等。客房内配备与非遗相关的用品，如以传统刺绣为枕套、以民间绘画为装饰画等。酒店还可提供非遗体验课程，如在酒店内开设传统茶艺课程，让客人在品茶过程中了解茶艺背后的非遗文化。

（五）开展非遗研学旅游项目

1. 非遗研学基地建设

依托黄河流域丰富的非遗资源，建立非遗研学基地。基地可以是传统手工艺作坊、民俗文化博物馆、非遗传承村落等。例如，在山东潍坊杨家埠建立木版年画研学基地，为学生和游客提供系统的木版年画制作技艺学习课程，包括刻板、印刷、上色等环节，同时讲解木版年画的历史渊源、文化内涵等知识。

2. 定制化研学课程

根据不同年龄段、不同兴趣群体，设计定制化的非遗研学课程。对于中小学生，设计趣味性强、动手能力要求高的课程，如以黄河流域民间故事为蓝本，开展非遗手工制作课程，让学生通过制作手工艺品来演绎故事。对于大学生和专业爱好者，开设深度的学术研究课程，如邀请专家学者讲解黄河流域非遗的保护与传承现状，组织实地调研和案例分析等活动。

（六）利用数字技术创新文旅体验

开发基于 AR 和 VR 技术的非遗旅游导览应用。游客在参观黄河流域的非遗景点时，通过手机或 VR 设备，即可获取丰富的数字内容。例如，在参观某座古老的黄河流域寺庙时，利用 AR 技术，游客可以看到寺庙在历史不同时期的风貌，了解与之相关的非遗传说和文化故事。通过 VR 技术，游客可以身临其境地体验传统戏曲表演、民俗活动等场景，增强旅游的趣味性和沉浸感。

（七）开展双向培训

将旅游业相关的业务知识纳入非遗保护培训计划，不仅有助于传承人和保护工作者全面掌握旅游行业的特点、政策法规、运营模式以及游客需求，还能提升他们在非遗传承和传播过程中的专业能力，从而进一步认识到所传承非遗项目的独特价值。与此同时，将非遗内容融入旅游行业培训体系，同样至关重要。通过对导游、讲解员及旅游开发者进行系统培训，使其熟悉非遗相关的法律法规、文化内涵及保护理念，有助于在实际工作中合理利用和有效传播非遗资源，促使旅游从业人员和游客在体验过程中欣赏、尊重并认同传统文化。

四、加强传承人队伍建设与教育传承

（一）构建多层次传承人培养体系

1. 院校专业教育

鼓励黄河流域内的高校和职业院校开设非遗相关专业课程，如在艺术院校设置传统戏曲、民间美术专业，在职业院校开设传统手工艺制作专业，与非遗传承基地合作，开展订单式培养，学生毕业后直接进入传承队伍。

2. 师徒传承扶持

建立师徒传承补贴制度，对带徒授艺的传承人给予资金支持，鼓励传承人积极收徒。同时，为师徒提供培训与交流机会，定期举办师徒技艺展示活动，对优秀师徒组合进行表彰，促进师徒传承质量提升。

3. 社会培训提升

由文化部门牵头，联合社会组织、企业等，举办非遗传承人群培训班。邀请行业专家、资深传承人授课，课程涵盖技艺提升、创新设计、市场营销等内容，帮助传承人群提升综合素质。例如，举办黄河流域传统刺绣传承人群培训班，通过为期一个月的培训，提升学员刺绣技艺水平，同时传授现代设计理念与电商营销技巧。

（二）推动非遗教育融入全民教育体系

1. 中小学非遗课程普及

在黄河流域中小学课程体系中，增设非遗校本课程。编写具有地方特色的非遗教材，如陕西中小学可将皮影戏、秦腔等纳入教材内容，通过课堂教学、实践活动等形式，让学生了解本地非遗文化。同时，邀请非遗传承人走进校园，开展非遗讲座、技艺演示等活动，激发学生对非遗的兴趣。

2. 高校非遗研究与实践

鼓励高校开展非遗研究项目，设立非遗研究中心，深入挖掘黄河流域非遗的文化内涵、传承规律等。在高校社团活动中，支持学生成立非遗社团，开展非遗实践活动，如组织大学生参与非遗田野调查、举办非遗文化展览等，培养高校学生对非遗的热爱与传承意识。

3. 社区非遗教育推广

在社区文化活动中，融入非遗教育内容。通过举办非遗文化讲座、工作坊等形式，向社区居民普及非遗知识，传授简单的非遗技艺。例如，在山西某社区，定期举办民间面塑工作坊，邀请面塑传承人教学，让社区居民在参与中感受非遗魅力，培养社区居民对非遗的认同感与传承责任感。

（三）拓展传承人的发展空间

1. 搭建交流合作平台

组织黄河流域非遗传承人参加各类国内外文化交流活动、非遗展会等。例如，定期举办黄河流域非遗国际交流论坛，邀请国内外知名非遗专家、传承人共同参与，促进不同地区非遗传承人的经验分享与技艺交流。在交流活动中，为传承人提供展示作品、宣传项目的机会，拓宽传承人的视野，帮助其了解行业前沿动态，学习先进的传承理念与方法。

2. 助力产品市场化推广

引入专业的市场营销团队，为非遗传承人提供产品包装、品牌推广等服务。帮助传承人挖掘非遗产品的文化价值与市场卖点，设计符合现代审美的产品包装，通过线上线下相结合的方式，拓展非遗产品销售渠道。例如，利用电商平台开设黄河流域非遗传承人专区，集中展示和销售传承人的作品；在线下，与大型商场、文化创意集市合作，举办非遗产品展销活动，提高非遗产品的市场知名度与销售量，为传承人创造更多经济收益，增强其传承动力。

五、推动社会公众的文化参与保护意识

（一）强化宣传推广，提升公众认知

1. 创新宣传形式

为了提升非物质文化遗产在公众中的传播效果，建议采用 VR 和 AR 等现代数字技术，构建沉浸式体验场景，并开发互动式宣传游戏。具体而言，通过利用 VR 和 AR 技术创建虚拟戏曲表演舞台，观众佩戴设备后仿佛置身于真实的戏曲演出现场，近距离感受传统戏曲中演员精湛的表演与独特的艺术魅力，从而增强对非遗文化的直观体验和深刻印象。同时，可以设计以传统手工艺制作为主线的非遗主题互动游戏，使玩家在完成如制作陶器、编织竹篮等模拟操作的过程中，不仅了解非遗技艺的基本流程和文化背景，还能通过游戏闯关的趣味性形式提升其对非遗知识的认知与兴趣。这种整合沉浸式体验与互动传播的策略，不仅有助于激发公众对非物质文化遗产的关注，还为非遗传承与创新提供了全新的传播途径。

2. 拓展宣传渠道

在新媒体和公共传播迅速发展的当下，与影视制作公司及综艺节目团队建立合作关系，将非物质文化遗产元素巧妙植入热门影视作品和综艺节目中，已成为提升非遗社会关注度的重要策略。例如，在古装剧中展示传统服饰制作技艺，或在户外真人秀节目中设置非遗体验任务，不仅借助影视综艺平台的高流量和广泛传播效应，使更多观众直观了解非遗文化，还能在潜移默化中提高公众的文化认同感。此外，通过在地铁、公交车、火车站、机场等人流密集的公共交通枢纽投放以视频和海报为主要形式的非遗宣传广告，可有效扩大非遗信息的传播范围，使更多市民在日常生活中接触并认识到非遗项目的独特魅力，从而为非遗传承与创新提供坚实的社会基础。

3. 加强针对性宣传

在推动非物质文化遗产的广泛传播与传承过程中，针对不同受众群体的宣传策略应体现多样化和精准化特征。例如，针对青少年群体，深入校园开展非遗主题讲座、工作坊和展览等活动，邀请非遗传承人进校现场展示并传授技艺，同时组织非遗知识竞赛和创意作品征集活动，以激发学生对传统文化的兴趣和热情，从而培养其成为未来非遗传承的新生力量；如在学校举办传统剪纸艺术工作坊，使学生能够亲手制作剪纸作品，亲身体验并感受传统艺术的独特魅力。另外，针对旅游人群，在旅游景区设置专门的非遗宣传展示中心，通过实物展示、多媒体演示和现场表演等多种形式，全面介绍当地及周边地区的非遗项目，并提供传统手工艺品制作体验和民俗表演观看等服务，使游客在旅游过程中深入了解非遗文化，进而促进非遗与旅游产业的深度融合，借助旅游景区庞大的客流量进一步提升非遗项目的社会知名度。

（二）开展多样活动，激发公众参与热情

1. 设立非遗文化体验日

在特定时间段，如每月的第一个周末或重要节假日，设立非遗文化体验日。在城市的文化馆、博物馆、社区活动中心等场所，集中开展各类非遗体验活动，如传统手工艺制作体验、非遗戏曲表演体验等。在文化场馆、景区等地设置体验区，邀请非遗传承人现场指导。例如，在山东曲阜的三孔景区，开展传统书法、绘画等非遗体验活动，游客可以在专业传承人的指导下，书写儒家经典、绘制传统国画，亲身感受非遗魅力，激发公众参与非遗传承的热情。

2. 非遗主题竞赛

面向全社会征集以非遗元素为核心的创意设计作品，涵盖平面设计、产品设计、服装设计等多个领域。参赛者可将黄河流域的传统图案、色彩、技艺等非遗元素融入作品中，如设计一款带有黄河流域民间刺绣图案的现代灯具，或是以传统剪纸艺术为灵感的时尚服装。设置丰厚奖项，邀请专业设计师、非遗专家组成评审团，对参赛作品进行评选。通过大赛，不仅能挖掘出新颖的非遗创意成果，还能激发公众对非遗与现代设计融合的思考，吸引更多创意人才投身非遗传承创新，同时借助大赛的宣传推广，提升非遗的社会关注度。

3. 组织非遗技艺徒步游

规划非遗文化徒步游线路，串联黄河流域具有代表性的非遗传承场所、历史文化街区等。由专业导游或非遗专家带队，在徒步过程中，向参与者介绍沿途的

非遗项目，如古老的传统手工艺作坊、民间艺术表演场所等。参与者可以走进这些场所，近距离观看非遗技艺的制作过程，与传承人交流互动，亲身感受非遗文化的魅力。徒步游过程中，还可设置打卡任务，如寻找特定的非遗元素拍照打卡，完成任务可获得非遗纪念品，以此增加活动的趣味性与参与度，让公众在行走中深入了解非遗文化。

4. 开展非遗主题快闪活动

在城市的繁华商圈、广场等人流量大的区域，组织非遗主题快闪活动。邀请非遗传承人、舞蹈演员、音乐人等共同参与，例如以黄河流域的民间音乐为背景，传承人现场展示传统乐器制作，舞蹈演员围绕乐器进行特色舞蹈表演，瞬间吸引路人目光。活动过程中，还可设置与观众互动环节，邀请路人学习简单的非遗技艺动作或参与音乐演奏，通过这种充满活力与新鲜感的方式，打破非遗与大众的距离感，激发公众对非遗的好奇与参与热情，同时借助社交媒体的传播，扩大活动影响力。

（三）加强社区联动，培育公众保护意识

1. 打造社区非遗文化空间

利用社区闲置空间，打造非遗文化空间，将其建设成集展示、体验、交流于一体的场所。在展示区，通过实物陈列、图文展板、多媒体展示等形式，全面展示本地及周边地区的非遗项目。体验区设置传统手工艺制作工作台，如陶艺拉坯、手工编织等，居民可在专业人员指导下亲自体验非遗技艺。交流区则用于举办非遗讲座、研讨会、小型文化活动等，促进居民之间、居民与传承人之间的交流。通过打造这样的文化空间，为社区居民提供一个深入了解非遗、参与非遗保护的固定场所，增强社区居民对非遗的认同感和归属感。

2. 组建社区非遗志愿者队伍

组建非遗保护志愿者队伍，开展志愿者服务活动。组织志愿者参与非遗项目的调查、记录工作，协助举办非遗宣传活动、传承教学活动等。例如，在山西平遥古城，志愿者协助非遗传承人整理传统手工艺资料，参与古城内非遗文化的宣传讲解，通过志愿者的亲身参与，带动更多公众关注和参与非遗保护。

3. 开展社区与学校合作项目

社区与周边学校建立合作关系，共同开展非遗相关项目。学校组织学生到社区非遗文化空间参观学习、参与体验活动，社区则安排志愿者和非遗传承人走进学校，举办非遗主题讲座、工作坊等。例如，社区与学校合作开展“非遗进校

园”系列活动，定期邀请非遗传承人到学校为学生授课，传授传统技艺；学校组织学生利用课余时间到社区参与非遗宣传实践活动，如制作非遗宣传手抄报在社区内发放。通过这种社区与学校的联动合作，扩大非遗在青少年群体和社区居民中的影响力，培养公众从小树立非遗保护意识。

4. 举办社区非遗文化节

定期在社区内举办非遗文化节，设置非遗技艺展示区，邀请本地非遗传承人现场展示如传统刺绣、木雕、剪纸等技艺，让居民近距离观察非遗制作过程，感受其精湛工艺。安排非遗表演舞台，表演传统戏曲、民间舞蹈等节目，以精彩的演出吸引居民参与。同时，设立非遗美食街区，提供本地特色的非遗美食供居民品尝，如传统小吃制作技艺类的非遗项目。通过文化节的举办，营造浓厚的非遗文化氛围，激发居民对非遗的兴趣，从而增强他们对非遗保护的意识。

（四）鼓励企业参与，扩大社会影响力

1. 政策扶持与激励

政府可采取一系列税收优惠政策和专项补贴措施，以激发企业参与非遗领域的积极性。具体而言，可以对投资非遗项目开发及生产非遗文创产品的企业提供企业所得税减免，降低其税负；同时，对于采购非遗相关原材料和设备的企业，给予增值税抵扣优惠，从而减少企业运营成本。此外，政府还可通过设立专项补贴资金，针对积极推动非遗传承与创新活动的企业提供资金支持。例如，企业与非遗传承人合作建立技艺传承基地时，可获得建设补贴。对于在非遗产品研发与市场推广中表现突出、作出贡献的企业，可给予奖励资金。通过这些直接的财政激励措施，有助于激发企业在非遗保护、创新及传播方面的投入与积极性，为非物质文化遗产的传承和可持续发展提供经济保障。

2. 搭建合作平台

政府应定期组织非遗企业对接会，邀请非遗传承人、非遗项目持有单位以及各类企业参加，是构建非遗产业交流合作平台的重要举措。此举旨在为企业与非遗项目搭建沟通桥梁，促进双方在项目合作、技术研发和市场拓展等方面实现深度对接与协同创新。此外，政府可主导建设非遗产业园区，为相关企业提供集中发展的空间。园区内应完善基础设施，构建一站式服务体系，包括工商注册、税务办理、知识产权保护等环节，以便吸引企业入驻。通过形成产业集聚效应，各企业间可实现资源共享与协同发展，从而提升非遗产业的整体竞争力，并进一步扩大非遗在社会中的影响力。

3. 创新合作模式

利用“企业+传承人”模式与非遗主题投资基金构成推动非物质文化遗产产业化发展的双重驱动机制。在“企业+传承人”模式中，鼓励企业与非遗传承人建立紧密的合作关系，企业通过提供资金、技术以及市场渠道等支持，而传承人则将其独特的技艺和丰富的文化资源融入企业的产品与服务之中，从而既可提升产品附加值，又能实现非遗文化的广泛传播。此外，引导金融机构与企业共同设立非遗主题投资基金，也是提升非遗项目产业化发展的重要策略。该基金专注于投资具备发展潜力的非遗项目及相关企业，通过资本运作支持非遗文创企业的股权融资，从而帮助企业扩大生产规模、提升品牌影响力，推动非遗产业的繁荣，并在此过程中不断提升非遗的社会知名度。结合品牌建设与推广战略，这种多元化的政策与市场工具体系能够有效促进非物质文化遗产的传承、创新与可持续发展。

4. 打造知名非遗企业品牌

打造非遗企业品牌不仅是企业增强市场竞争力的重要举措，也是非物质文化遗产保护、传承与创新的重要途径，对提升社会文化软实力具有深远意义。通过深入挖掘传统技艺与文化资源，企业可以将非遗项目的历史渊源、传承精神及艺术魅力融入产品设计与服务中，从而塑造独具魅力的非遗品牌。与此同时，借助品牌故事的讲述和文化价值的传播，不仅提升了品牌的文化底蕴，还增强了社会各界对品牌的认同感和信任度。非遗企业品牌作为文化传承的重要载体，在现代市场中的塑造与推广，不仅有助于推动传统文化与时俱进，实现非遗项目的产业化发展，还能激发消费者对传统文化的兴趣，进而形成文化消费的新趋势。

六、重视区域合作与跨界协作的推动作用

（一）区域文化合作

1. 联合非遗项目申报

黄河流域各省区整合资源，针对跨区域流传的非遗项目，联合进行申报。如对于在河南、山东、安徽等地均有分布的黄河号子，相关省份共同梳理其历史脉络、文化内涵、传承现状等资料，形成统一且全面的申报材料，向国家级甚至世界级非遗名录申报，提升项目影响力与保护层级。

2. 文化交流活动举办

定期开展黄河流域非遗文化交流周活动，各省区轮流承办。活动期间，集中展示各地特色非遗项目，如陕西的皮影戏、甘肃的花儿等，通过表演、展览、研

讨会等形式，促进不同地区非遗文化的相互学习与交流，增进区域间文化认同。

3. 区域非遗数据库共建

共同打造黄河流域非遗数据库，整合各省区非遗资源信息。采用统一的数据标准，对非遗项目、传承人、传承谱系等进行数字化记录与存储，实现资源共享，方便研究人员、传承人和公众查询使用，为区域非遗保护与传承提供数据支撑。

（二）产业跨界协作

1. 文旅融合项目开发

旅游企业与非遗传承人、文化机构合作，开发非遗主题旅游产品。如旅行社推出沿黄河非遗文化旅游线路，将各地的非遗景点、传承场所串联起来，游客在游览过程中可参与非遗体验活动，购买非遗文创产品，实现文化与旅游产业的深度融合，带动区域经济发展。

2. 文创产业合作创新

文创企业可依托其在设计、营销和品牌管理等方面的专业资源与市场运作经验，为产品赋予现代审美和商业价值。非遗传承人则可利用其精湛技艺和对传统文化内涵的深刻理解，提供独特且富有历史传承意义的文化元素。双方通过优势互补和资源整合，能够共同打造出既符合现代消费需求又能传承传统文化精髓的文创产品。这种合作模式不仅在产品设计、研发和推广过程中实现了多方共赢，还显著提升了产品的市场附加值和竞争力，推动了非物质文化遗产的现代转型与产业化发展。

3. 电商平台助力销售

电商平台与黄河流域非遗产业园区、非遗工坊合作，搭建非遗产品线上销售专区。平台利用自身的流量优势和技术支持，为非遗产品提供展示与销售渠道，帮助传承人拓展市场，提高非遗产品的销售量与知名度，促进非遗产业发展。

（三）教育跨界合作

1. 院校协同培养人才

黄河流域内的高校、职业院校加强合作，联合开展非遗相关专业人才培养，共同开设黄河流域非遗研究课程，组织学生开展跨区域的非遗田野调查实践活动，培养学生的实践能力与研究能力，通过互派教师、共享课程资源、合作编写教材等方式，提高人才培养质量。

2. 产学研合作机制建立

高校、科研机构与非遗企业、传承基地应构建产学研一体化合作机制，从而形成一种多方协同、优势互补的创新模式。在这一机制中，高校和科研机构充分发挥其在技术研发与理论研究方面的优势，向企业和传承基地提供前沿技术支持和系统化的理论研究成果；与此同时，非遗企业和传承基地则为高校和科研机构提供宝贵的实践平台和丰富的研究素材，使得学术理论能够在实际应用中得到验证和完善。通过这种双向互动的合作模式，不仅可以有效缩小理论研究与实践应用之间的差距，而且可以促进跨学科知识的整合与创新，进一步推动非物质文化遗产保护与传承领域的技术进步和产业升级。

3. 社会教育资源整合

整合社会教育资源，如博物馆、文化馆、民间艺术团体等，共同策划和开展形式多样的社会教育活动，如专题讲座、实践工作坊、艺术展览以及文化节等，使各年龄层的受众能够亲身体验和学习传统技艺，从而提高全社会对非遗文化的认知度和保护意识，为构建文化自信和推动社会和谐发展提供坚实的文化支撑。

（四）行业协会联动

1. 非遗行业协会联盟成立

黄河流域各省区的非遗行业协会联合成立区域联盟，制定统一的行业规范与标准，在非遗产品质量评定、传承人才培养标准等方面达成共识，促进区域内非遗行业的规范化发展。联盟还可组织会员单位开展交流活动，分享行业发展经验，共同探讨解决行业发展中遇到的问题。

2. 协会与其他行业协同发展

非遗行业协会与旅游、文创、教育等行业协会加强协作，通过跨行业资源共享与优势互补，推动非遗在多领域的融合与发展。具体而言，可与旅游行业协会联合，共同开发具有地域特色的非遗旅游线路与产品，以满足市场多样化需求；与文化创意行业协会携手，促进非遗文创产品的创新设计与推广，提升传统文化的现代表现力；同时，与教育行业协会联动，策划并组织非遗进校园活动，从而在青少年群体中实现传统文化的有效传播。通过这种跨行业协同合作模式，不仅能够整合各方资源，还将推动非遗产业的全面升级，促进传统文化在新时代背景下的可持续传承与发展。

（五）金融领域合作

1. 设立区域非遗产业基金

黄河流域各省区联合金融机构，共同设立非遗产业发展基金。基金规模可根据实际情况确定，通过政府引导资金撬动社会资本，为非遗项目的产业化发展、传承人的创业创新、非遗企业的壮大等提供资金支持。基金可投资于黄河流域的传统手工艺企业，助力其扩大生产规模、引进先进设备，提升产品质量与生产效率。

2. 金融产品创新

银行等金融机构可针对非遗项目和传承人特点，创新金融产品。可推出非遗项目知识产权质押贷款，传承人或企业可以将其拥有的非遗项目知识产权作为质押物，获得贷款用于项目开发、传承活动开展等。还可开发非遗传承保险产品，为传承人的技艺传承活动提供风险保障，如因意外事故导致传承人无法继续传承技艺时，给予一定的经济补偿，降低传承风险。

第三节　传承创新的发展趋势

一、传承队伍持续壮大

随着黄河流域内高校及职业院校对非遗专业教育的重视程度与日俱增，这一趋势预示着未来将逐步构建起一套系统且全面的非遗传承人才培养体系。从课程体系优化的视角来看，后续的课程设置将趋于更加科学合理，呈现出多元化、综合性的特征，全面涵盖非遗技艺实践教学、非遗文化理论深度探究以及创新设计思维培育等多个关键维度。例如，预计在不久的将来，会有更多高校增设诸如“黄河流域非遗文化专题研究”“传统手工艺创新设计原理与实践”等专业课程，通过理论与实践相结合的教学模式，致力于为非遗传承领域培育出大批既具备扎实专业素养，又富有创新能力的年轻人才，为非遗传承队伍注入源源不断的新生力量。

此外，通过强化对非遗传承人的扶持力度，并加大宣传推广的广度与深度，非遗传承人的社会地位和经济待遇将得到有效改善。

同时，随着传承人的事迹在各类媒体平台上得到广泛报道，社会公众对非遗传承工作的认知度与认可度将大幅提升。在此过程中，非遗项目对年轻人的吸引力也将随之增强，更多年轻人将受到感召，主动投身于非遗传承事业。

长此以往，有望形成老、中、青三代在非遗传承工作中有序衔接、协同共进的良好发展局面，有力推动黄河流域非遗事业的可持续发展。

二、产业蓬勃发展

在未来社会经济与文化协同发展的宏观语境下，非遗产业展现出极为强劲的蓬勃繁荣发展趋势。其中，文旅融合作为非遗产业发展的关键驱动力，将持续向纵深方向推进，成为区域文化经济发展格局中的重要增长点。

沿黄河非遗文化旅游线路在产业规划与市场需求的双重导向下，将经历持续且动态的优化与拓展进程。该线路依托黄河流域得天独厚的自然景观资源，以黄河雄浑壮阔的自然风光为基底，有机串联起沿线散落的众多非遗文化节点。随着线路的不断完善与推广，其将对国内外游客形成强大的吸引力，吸引大量游客纷至沓来，开启沉浸式的非遗文化体验之旅。

伴随沿黄河非遗文化旅游线路热度的持续攀升，非遗主题酒店、民宿等配套产业也将迎来蓬勃发展的黄金时期。这些特色住宿业态将非遗文化元素全方位融入空间设计、服务体验等各个环节。从室内装饰中运用传统建筑装饰图案、民间手工艺品陈设，营造浓郁的非遗文化氛围，到提供包含非遗体验活动在内的特色服务，如在酒店内组织传统戏曲欣赏、非遗手工制作课程等，使游客在住宿过程中进一步加深对非遗文化的理解与感悟。非遗主题酒店、民宿等配套产业的繁荣发展，不仅能够提升游客的旅游体验品质，更将通过产业关联效应，进一步带动餐饮、交通、购物等相关产业的协同发展，为区域经济增长注入强劲动力，真正实现文化产业与旅游产业在资源整合、产品开发、市场拓展等层面的深度融合与协同共进。

在文创产业领域，未来非遗产业发展也将呈现出成果丰硕的态势。文创企业与非遗传承人的合作将在政策引导、市场需求驱动下，愈发紧密且深入。双方将充分发挥各自优势，深入挖掘黄河流域非遗文化的深厚内涵与独特价值，不断推出具有创新性与市场竞争力的文创产品。黄河流域丰富多样、底蕴深厚的非遗元素，如古老神秘的民间传说、精美绝伦的传统手工艺造型、绚丽多彩的民俗服饰图案等，将被巧妙且富有创意地融入各类文创产品之中。

三、文化传播广泛深远

在文化全球化与区域一体化深度交织的时代语境下，黄河流域非遗的传承创新在文化传播层面展现出极为广阔的前景，其传播的广度与深度将实现质的飞跃，呈现出区域文化交流频繁与全球影响力提升的双重发展态势。

未来，黄河流域各省区之间的非遗文化交流活动将步入常态化与多样化并行的发展轨道。非遗文化交流周作为区域非遗文化交流的核心平台，其规模将伴随时间推移与资源投入的增加而持续拓展。从早期聚焦于局部区域、参与主体有限的小型文化集会，逐步演进为辐射范围广泛、影响力深远的大型文化盛典。这一发展过程中，活动的影响力不仅在国内文化领域持续攀升，更成功吸引了众多国内外专家学者、文化爱好者踊跃参与。

同时，在数字化浪潮席卷全球的当下，数字技术与新媒体平台将为黄河流域非遗技艺走出国门、迈向世界舞台提供强大助力。例如，一段聚焦黄河流域传统戏曲表演的短视频，借助国际知名社交媒体平台的强大传播功能，将在短时间内迅速传播至全球各个角落，吸引海量用户观看、点赞与分享。此外，线上非遗展览将充分运用 VR、AR 等前沿技术，为观众营造出身临其境的观展体验。使观众仿若置身于实体展览现场，能够近距离、多角度欣赏黄河流域的各类非遗展品。众多国际友人将被这些洋溢着浓郁东方魅力的非遗文化所深深吸引，纷纷通过网络主动搜索相关信息，甚至积极参与线上线下的非遗学习活动。

四、政策扶持更加有力

在黄河流域非遗传承创新的发展进程中，政策扶持作为关键驱动力，将呈现出更为强劲有力的态势。

在资金投入维度，政府将采取一系列积极举措。设立更多具有针对性的专项基金，聚焦于濒危非遗项目的抢救工作，为其提供关键的资金支持。以黄河流域传统杂技项目为例，由于其表演形式特殊、传承难度较大且受众群体相对有限，部分技艺面临失传风险。对此，专项保护资金将用于建设专业的表演场地，为杂技演员提供良好的训练与展示空间；购置高品质的道具，确保表演的安全性与观赏性；同时，加大对传承人的培训投入，邀请行业内资深专家开展培训课程，提升传承人的技艺水平，并且对在传承工作中表现突出的传承人给予丰厚奖励，以激励更多人投身于传统杂技的传承事业。

政府还将提高对传承人的补贴标准。非遗传承人作为非遗文化的活态载体，其生存与发展状况直接关系到非遗项目的传承延续。通过提高补贴标准，能够在一定程度上改善传承人的经济状况，使其能够全身心投入到非遗技艺的传承与创新工作中。这不仅有助于稳定现有传承队伍，还能吸引更多年轻人加入非遗传承行列，为非遗事业注入新鲜血液。

在土地使用政策方面，政府将为非遗传承基地、产业园区等提供优惠政策。非遗传承基地作为非遗技艺传承、展示与研究的重要场所，产业园区作为推动非遗产业化发展的关键平台，其发展空间的保障至关重要。政府通过提供土地使用优惠，如低价出让土地、延长土地使用年限等方式，降低非遗相关机构与企业的运营成本，鼓励社会资本投入非遗领域，促进非遗传承创新与产业发展的深度融合，为黄河流域非遗文化的繁荣发展提供坚实的物质基础。

为确保各项精心制定的非遗扶持政策能够精准落地，切实发挥其推动非遗传承创新的作用，未来政府将建立健全政策执行监督机制。一方面，加强对政策执行过程的跟踪与评估。相关部门将构建完善的跟踪评估体系，对政策实施的各个环节进行实时监测。例如，定期对非遗项目的资金使用情况进行严格审计，确保专项基金专款专用，防止资金挪用、浪费等现象发生，保障资金能够精准投向濒危非遗项目的抢救、传承人的培养以及非遗产业的发展等关键领域。同时，对传承人的扶持政策效果进行深入调研反馈，通过问卷调查、实地访谈等方式，了解传承人对政策的满意度以及政策在实际执行过程中存在的问题。另一方面，依据跟踪评估结果及时调整政策实施过程中出现的问题。针对审计与调研反馈中发现的问题，迅速制定解决方案，优化政策执行路径。如在资金使用方面，若发现部分非遗项目资金分配不合理，将重新调整资金分配方案，确保资源向更急需的项目倾斜；在传承人扶持政策方面，若发现补贴标准未能充分考虑到不同地区、不同项目传承人的实际情况，将对补贴标准进行细化与优化，提高政策的精准度与有效性。通过不断优化政策执行路径，提高政策实施效率，为黄河流域非遗传承创新提供坚实可靠的政策保障，推动非遗事业在良好的政策环境中持续健康发展。

五、保护与传承机制完善

在黄河流域非遗传承创新的长远规划中，对非遗的保护与传承机制将更加完善。这一机制的完善主要体现在建立动态保护机制以及促进社会力量深度参与两个关键维度，它们相互关联、相辅相成，共同构建起黄河流域非遗传承创新的坚实保障体系。

黄河流域非遗资源丰富多样，各项目在濒危程度、传承状况等方面存在显著差异。为实现对这些非遗项目的精准、高效保护，构建动态保护机制成为必然选择。该机制以科学、系统的方式，依据非遗项目的实际情况实时调整保护策略，确保保护工作始终契合项目需求。

相关部门将每年对黄河流域的非遗项目进行一次综合性评估，运用定性与定量相结合的研究方法，全面考量项目的濒危程度、传承人群体规模与稳定性、技艺传承的完整性以及项目在当代社会的影响力等多方面因素。通过深入田野调查、访谈传承人、分析项目相关资料等途径，收集详实数据，为精准评估提供支撑。基于评估结果，对不同非遗项目实施差异化保护策略。对于濒危程度加剧的项目，如一些因传承人群体急剧减少、传承环境恶化而面临失传风险的传统手工技艺或民俗活动，将显著加大保护力度。这包括但不限于增加专项保护资金投入，用于抢救性记录技艺流程、保护相关实物资料、培养年轻传承人等工作；提供更多政策扶持，如为传承场所建设提供场地优惠、减免相关税费等；组织专家团队开展针对性研究，探索有效的保护与传承路径。而对于传承状况良好的项目，鼓励其在坚守文化内核的基础上积极创新发展。支持项目拓展市场渠道，开发符合当代审美的衍生产品；推动项目与现代科技、文化创意产业融合，探索新的表现形式与传播方式，提升其在当代社会的活力与影响力。

通过这种动态调整保护策略的方式，重新分配保护资源，使资源能够精准流向最需要的非遗项目，极大地提高了保护工作的针对性和有效性，确保黄河流域非遗项目在不同发展阶段都能得到适宜的保护与支持。

同时，政府将鼓励更多社会力量投身其中，形成政府、企业、社会组织、公众共同参与的多元保护格局。

企业作为市场经济的主体，在非遗传承创新中具有独特优势。通过赞助、投资等方式，企业能够为非遗项目开发与传承注入资金与资源。例如，企业与非遗传承人合作建立非遗产业基地，利用企业的市场运营经验、资金实力和技术优势，结合非遗传承人的精湛技艺与文化底蕴，对非遗项目进行深度挖掘与产业化开发。企业可以参与非遗产品的设计、生产与销售环节，通过创新产品形式、拓展销售渠道，提高非遗产品的市场竞争力，实现非遗项目的经济价值转化，为非遗传承提供可持续的资金支持。同时，企业参与非遗传承创新也有助于提升自身品牌形象，实现经济效益与社会效益的双赢。

社会组织在推动非遗传承创新方面发挥着不可替代的桥梁与纽带作用。社会组织通过开展非遗公益活动、志愿服务等形式，积极传播非遗文化，提高公众对非遗的认知与保护意识。例如，社会组织举办非遗文化节等大型活动，整合各方资源，为非遗项目提供集中展示与交流的平台。在活动中，通过非遗技艺展演、作品展览、互动体验等环节，吸引大量公众参与，让更多人近距离感受非遗的魅力。此外，社会组织还可以组织志愿者深入社区、学校开展非遗普及教育活动，培养公众对非遗的兴趣，为非遗传承培育潜在群体。

公众作为非遗传承创新的基础力量，其积极参与对于推动非遗事业发展至关重要。公众可以通过参与非遗保护宣传活动，利用社交媒体、线下宣传等方式，向身边人传播非遗知识与保护理念，扩大非遗的社会影响力。同时，公众还可以亲身参与非遗传承实践，如参加非遗手工制作课程、民俗活动体验等，在实践中感受非遗文化的内涵，增强对非遗的认同感与归属感。当公众对非遗的认知与热爱转化为实际行动时，将汇聚成推动黄河流域非遗传承创新事业发展的强大社会动力。

政府在多元保护格局中发挥着引导与协调作用，通过制定政策、提供资金支持、搭建合作平台等方式，鼓励企业、社会组织和公众积极参与非遗传承创新。

通过各方力量的协同合作，形成全社会共同关心、支持、参与黄河流域非遗传承创新的良好氛围，共同推动这一伟大事业不断向前发展。

六、数字技术深度融合

数字技术在黄河流域非遗传承创新领域的应用将朝着更为深入、多元的方向拓展，为非遗的保护与发展带来全新变革。其中，虚拟现实（VR）、大数据分析技术、区块链技术、人工智能技术等前沿技术将构建起全方位、沉浸式的非遗展示与传承体系。

研究团队将利用 VR 技术精心打造虚拟的黄河流域民俗村落，将传统民居建筑以逼真的 3D 形态呈现，还原其古朴的风貌与独特的建筑结构。用户置身其中，不仅能漫步于村落的街巷，感受传统建筑散发的历史韵味，还能沉浸式地参与民俗活动，如观看热闹的传统戏曲表演、体验民俗节庆中的特色仪式，仿佛穿越时空，亲身融入黄河流域的传统文化氛围之中。更为重要的是，用户在这一虚拟环境中可学习非遗技艺，通过模拟操作，跟随虚拟传承人逐步掌握传统手工艺的制作流程，如剪纸、刺绣、陶艺等。

大数据分析技术将对海量的市场数据、用户行为数据进行深度挖掘与分析，精准洞察市场需求和用户喜好。在非遗产品开发环节，基于大数据分析结果，开发团队可明确市场对非遗产品在功能、设计、价格等方面的需求倾向，从而有针对性地设计开发出更符合市场需求的产品。在传播推广方面，大数据将帮助开发团队确定目标受众群体，分析不同渠道的传播效果，为制定精准的传播策略提供依据，实现传播资源的优化配置，提升非遗传播的效率与影响力。

区块链技术以其去中心化、不可篡改、可追溯等特性，在非遗数字资产的存证与管理领域具有显著优势。黄河流域丰富的非遗资源经数字化转化后形成大量数字资产，包括非遗项目的文字记录、图片、音频、视频等资料。利用区块链技术，这些数字资产的关键信息将被记录在区块链上，形成不可篡改的数字凭证，确保非遗数据的真实性与完整性。同时，通过区块链的追溯功能，能够清晰记录数字资产的来源、流转过程以及使用情况，有效防止数据被恶意篡改或盗用，为非遗的保护与传承提供可靠的数据安全保障。

人工智能技术将在非遗传承人的培养以及非遗作品的创新与修复方面发挥重要作用。在非遗传承人培养过程中，智能教学系统可根据学员的学习进度、知识掌握程度以及个人兴趣偏好，为其量身定制个性化的学习方案。例如，对于学习传统戏曲的学员，智能教学系统可通过分析学员的演唱表现、舞蹈动作等数据，精准指出其存在的问题，并提供针对性的训练建议与教学资源，帮助学员更高效地提升技艺水平。在非遗作品的处理上，将通过人工智能技术对受损的非遗文物、艺术作品等进行修复方案的制定与模拟修复，提高修复工作的准确性与效率。此外，人工智能还能辅助非遗作品的创新设计，通过对大量非遗元素的分析与组合，为设计师提供创新灵感，推动非遗与现代设计的融合，创造出更具时代特色的非遗衍生作品，助力非遗传承创新工作高效开展，让黄河流域的非遗文化在数字时代绽放新的光彩。

参考文献

[1] 王保庆，李希腾．话说黄河：黄河流域的三个维度[J]．焦作大学学报，2020，34(03)：58-61.

[2] 百度百科 https：//baike. baidu. com/item/黄河流域/7576659

[3] 崔新蕾，徐辰玥．黄河流域粮食-生态-能源安全的协调发展差异及障碍因素分析[J/OL]．中国农业资源与区划，1-16[2025-03-05].

[4] 闫梦瑶．黄河流域生态文明与共同富裕的协同发展及影响因素研究[D]．济南：山东财经大学，2024.

[5] 逯璐．黄河流域土地利用/覆被变化特征及影响因素分析[D]．兰州：兰州大学，2023.

[6] 夏凌．黄河流域旅游发展对乡村振兴战略实施的促进——评《黄河流域旅游文化及其历史变迁》[J]．人民黄河，2024，46(11)：169.

[7] 郭金彪．黄河文化的时代价值和传播路径[J]．黄河黄土黄种人，2023，(14)：26-28.

[8] 崔学军．黄河文化历史成因及思想内涵探析[N]．新乡日报，2020-07-21(003).

[9] 李继清．共谋黄河流域水资源节约集约利用之路[J]．群言，2023，(12)：10-13.

[10] 陈朋成．黄河上游干流生态需水量研究[D]．西安：西安理工大学，2008.

[11] 陈艳萍，蒋倩倩，刘晶婕．黄河流域“水资源-生态保护-高质量发展”空间均衡性诊断[J]．水利经济，2024，42(01)：14-20.

[12] 杨华．黄河三角洲潮间带直链烷基苯分布特征研究[D]．青岛：中国海洋大学，2009.

[13] 陈姝欢．黄河流域能源生态效率及其影响因素研究[D]．呼和浩特：内蒙古财经大学，2024.

[14] 谭文娟，赵国斌，魏建设，等．黄河流域矿产资源禀赋、分布规律及开发

利用潜力[J]. 西北地质，2023，56(02)：163-174.
[15] 百度百科 https：//baike. baidu. com/item/黄河流域/7576659
[16] 王文章．非物质文化遗产概论[M]. 北京：教育科学出版社，2013.
[17] 段晓卿．非遗分类及非遗阶元系统建构研究[J]. 文化遗产，2018，(04)：9-16.
[18] 王红．精准扶贫精准脱贫百村调研[M]. 北京：社会科学文献出版社：2020
[19] 刘海玲．非物质文化遗产语境下传统手工艺的保护与创新——以青海互助土族盘绣为例[J]. 江苏商论，2023，(12)：130-132+136.
[20] 代朝艳．打造盘绣文化力推乡村振兴[J]. 中国土族，2022(04)：34-36.
[21] 李鹏．产业升级视阙下的四川邛崃瓷胎竹编[J]. 现代交际，2015，(06)：45-46.
[22] 陆漫西，李嘉．四川成都瓷胎竹编工艺发展调查[J]. 世界竹藤通讯，2024，22(04)：108-112.
[23] 何兴．基于四川邛崃瓷胎竹编的品牌建构设计研究[D]. 成都：四川师范大学，2024.
[24] 常文峰，马博．成效、问题、对策：天水市绿色发展实践探析[J]. 天水行政学院学报，2024，25(03)：123-127.
[25] 何永德．传统手工业转型之路——天水雕漆大翼“飞天”[J]. 中国生漆，2013，32(02)：47-50.
[26] 王鹏鸣，汪鑫浩，王志军．天水漆器工艺历史沿革及其特色探讨[J]. 中国包装，2019，39(01)：44-47.
[27] 屈文焜，屈小草．多元共生和而不同——宁夏花儿文化研究[J]. 宁夏师范学院学报，2023，44(02)：38-44+54.
[28] 潘尚光．为“河州花儿”正名之管见[J]. 老区建设，2016，(16)：45-47.
[29] 280 年老字号鸿茅药酒借力科技践行传承[J]. 中外企业文化，2019，(06)：68-69.
[30] 鸿茅药酒官网 https：//www. hongmaoshiye. com/p/zufang/
[31] 百度百科 https：//baike. baidu. com/item/鸿茅药酒/8191758
[32] 薛昌辉．浅析宝鸡社火的原始宗教信仰和禁忌[J]. 群文天地，2011，

(06)：231+240.
[33] 杜鹤民．基于新媒介艺术的民间工艺保护研究[D]．西安：陕西科技大学，2008.
[34] 蒋五宝，高全福．“花脸张”与宝鸡社火马勺脸谱[J]．中华手工，2005，(04)：94-97.
[35] 薛昌辉．浅析宝鸡社火的原始宗教信仰和禁忌[J]．群文天地，2011，(06)：231+240.
[36] 百度百科 https：//baike. baidu. com/item/栎阳马踏青器山社火/3463000
[37] 樊晓霞，柯雯．山西省醋文化旅游理论与实践[M]．北京：中国石化出版社，2021.
[38] 雷丹玉．新质生产力背景下非遗产业数字化转型路径研究——以山西清徐老陈醋产业为例[J]．商业经济，2024，(10)：67-70.
[39] 太原市清徐县人民政府 https：//www. qx. gov. cn/qxfg/20170823/339754. html
[40] 中国非物质文化遗产网 https：//www. ihchina. cn/project_details/13786/
[41] 河南省人民政府 https：//m. henan. gov. cn/2023/06-26/2766918. html
[42] 百度百科 https：//baike. baidu. com/item/少林功夫/568641
[43] 中国非物质文化遗产网 https：//www. ihchina. cn/project_details/13238/
[44] 张立新．山东柳子戏的考察研究[D]．西安：西安音乐学院，2013.
[45] 李爽．山东柳子戏音乐研究[D]．武汉：武汉音乐学院，2008.

附　录

黄河流域国家级非物质文化遗产代表性项目名录

一、青海省国家级非物质文化遗产代表性项目名录

2006 年(第一批)

序号	项目名称	类别	申报地区或单位
1	格萨(斯)尔	民间文学	青海省
2	拉仁布与吉门索	民间文学	青海省互助土族自治县
3	花儿(老爷山花儿会)	传统音乐	青海省大通回族土族自治县
4	花儿(丹麻土族花儿会)	传统音乐	青海省互助土族自治县
5	花儿(瞿昙寺花儿会)	传统音乐	青海省乐都县
6	花儿(七里寺花儿会)	传统音乐	青海省民和回族土族自治县
7	藏族拉伊	传统音乐	青海省海南藏族自治州
8	锅庄舞(玉树卓舞)	传统舞蹈	青海省玉树藏族自治州
9	土族於菟	传统舞蹈	青海省同仁县
10	藏戏(黄南藏戏)	传统戏剧	青海省黄南藏族自治州
11	土族盘绣	传统美术	青海省互助土族自治县
12	塔尔寺酥油花	传统美术	青海省湟中县
13	热贡艺术	传统美术	青海省同仁县
14	灯彩(湟源排灯)	传统美术	青海省湟源县
15	加牙藏族织毯技艺	传统技艺	青海省湟中县
16	土族纳顿节	民俗	青海省民和回族土族自治县
17	热贡六月会	民俗	青海省同仁县
18	土族婚礼	民俗	青海省互助土族自治县
19	撒拉族婚礼	民俗	青海省循化撒拉族自治县

2008年(第二批)

序号	项目名称	类别	申报地区或单位
1	康巴拉伊	民间文学	青海省治多县
2	汗青格勒	民间文学	青海省海西蒙古族藏族自治州
3	藏族婚宴十八说	民间文学	青海省
4	藏族民歌(玉树民歌)	传统音乐	青海省玉树藏族自治州
5	回族宴席曲	传统音乐	青海省门源回族自治县
6	藏族扎木聂弹唱	传统音乐	青海省海南藏族自治州
7	佛教音乐(青海藏族唱经调)	传统音乐	青海省兴海县
8	弦子舞(玉树依舞)	传统舞蹈	青海省玉树藏族自治州
9	锅庄舞(称多白龙卓舞)	传统舞蹈	青海省称多县
10	锅庄舞(囊谦卓干玛)	传统舞蹈	青海省囊谦县
11	藏族螭鼓舞	传统舞蹈	青海省循化撒拉族自治县
12	则柔(尚尤则柔)	传统舞蹈	青海省贵德县
13	藏戏(青海马背藏戏)	传统戏剧	青海省果洛藏族自治州
14	皮影戏(河湟皮影戏)	传统戏剧	青海省
15	贤孝(西宁贤孝)	曲艺	青海省西宁市
16	青海平弦	曲艺	青海省西宁市
17	青海越弦	曲艺	青海省西宁市
18	青海下弦	曲艺	青海省
19	传统箭术(南山射箭)	传统体育、游艺与杂技	青海省海东市乐都县
20	赛马会(玉树赛马会)	传统体育、游艺与杂技	青海省玉树藏族自治州
21	土族轮子秋	传统体育、游艺与杂技	青海省互助土族自治县
22	石雕(泽库和日寺石刻)	传统美术	青海省泽库县
23	藏文书法(果洛德昂洒智)	传统美术	青海省果洛藏族自治州
24	湟中堆绣	传统美术	青海省湟中县
25	陶器烧制技艺(藏族黑陶烧制技艺)	传统技艺	青海省囊谦县
26	藏族金属锻造技艺(藏刀锻制技艺)	传统技艺	青海省玉树藏族自治州
27	撒拉族篱笆楼营造技艺	传统技艺	青海省循化撒拉族自治县
28	藏医药(藏医药浴疗法)	传统医药	青海省藏医院

续表

序号	项目名称	类别	申报地区或单位
29	藏医药(藏药阿如拉炮制技艺)	传统医药	青海省金诃藏药药业股份有限公司
30	藏医药(七十味珍珠丸赛太炮制技艺)	传统医药	青海省金诃藏药药业股份有限公司
31	那达慕	民俗	青海省海西蒙古族藏族自治州
32	元宵节(九曲黄河灯俗)	民俗	青海省乐都县
33	青海湖祭海	民俗	青海省海北藏族自治州
34	抬阁(芯子、铁枝、飘色)(湟中县千户营高台)	民俗	青海省湟中县
35	藏族服饰	民俗	青海省玉树藏族自治州
36	藏族服饰	民俗	青海省门源回族自治县
37	土族服饰	民俗	青海省互助土族自治县
38	撒拉族服饰	民俗	青海省循化撒拉族自治县

2011 年(第三批)

序号	项目名称	类别	申报地区或单位
1	阿尼玛卿雪山传说	民间文学	青海省果洛藏族自治州
2	佛教音乐(塔尔寺花架音乐)	传统音乐	青海省湟中县
3	青海汉族民间小调	传统音乐	青海省西宁市
4	安昭	传统舞蹈	青海省互助土族自治县
5	雕版印刷技艺(同仁刻版印刷技艺)	传统技艺	青海省同仁县
6	碉楼营造技艺(藏族碉楼营造技艺)	传统技艺	青海省班玛县
7	银铜器制作及鎏金技艺	传统技艺	青海省湟中县

2014 年(第四批)

序号	项目名称	类别	申报地区或单位
1	骆驼泉传说	民间文学	青海省循化撒拉族自治县
2	祁家延西	民间文学	青海省互助土族自治县
3	蒙古族民歌	传统音乐	青海省海西蒙古族藏族自治州
4	藏族民歌(藏族酒曲)	传统音乐	青海省海南藏族自治州
5	撒拉族民歌	传统音乐	青海省循化撒拉族自治县
6	锅哇(玉树武士舞)	传统舞蹈	青海省玉树藏族自治州
7	藏族鎏钴技艺	传统技艺	青海省
8	藏医药(藏医放血疗法)	传统医药	青海省
9	藏族服饰	民俗	青海省海南藏族自治州

2021 年(第五批)

序号	项目名称	类别	申报地区或单位
1	藏族民间传说(年保玉则传说)	民间文学	青海省果洛藏族自治州久治县
2	阿柔逗曲	传统音乐	青海省海北藏族自治州祁连县
3	藏族唐卡(化隆唐卡)	传统美术	青海省海东市化隆县
4	藏族唐卡(班玛马尾钉线绣唐卡)	传统美术	青海省果洛藏族自治州班玛县
5	藏族唐卡(藏娘唐卡)	传统美术	青海省玉树藏族自治州
6	藏族刺绣(贵南藏族刺绣)	传统美术	青海省海南藏族自治州贵南县
7	蒸馏酒传统酿造技艺(青海青稞酒传统酿造技艺)	传统技艺	青海省海东市互助土族自治县
8	蒙古包营造技艺	传统技艺	青海省黄南藏族自治州河南蒙古族自治县
9	传统帐篷编制技艺(青海藏族黑牛毛帐篷制作技艺)	传统技艺	青海省海西蒙古族藏族自治州天峻县
10	中医诊疗法(海西民间青盐药用技艺)	传统医药	青海省海西蒙古族藏族自治州
11	藏医药(尤阙疗法)	传统医药	青海省海东市循化撒拉族自治县
12	庙会(贵德六月庙会)	民俗	青海省海南藏族自治州贵德县
13	蒙古族服饰	民俗	青海省海西蒙古族藏族自治州格尔木市
14	德都蒙古全席	民俗	青海省海西蒙古族藏族自治州德令哈市
15	尖扎达顿宴	民俗	青海省黄南藏族自治州尖扎县

二、四川省国家级非物质文化遗产代表性项目名录

2006 年(第一批)

序号	项目名称	类别	申报地区或单位
1	格萨(斯)尔	民间文学	四川省
2	巴山背二歌	传统音乐	四川省巴中市
3	川江号子	传统音乐	四川省
4	川北薅草锣鼓	传统音乐	四川省青川县
5	羌笛演奏及制作技艺	传统音乐	四川省茂县
6	龙舞(泸州雨坛彩龙)	传统舞蹈	四川省泸县

续表

序号	项目名称	类别	申报地区或单位
7	弦子舞(巴塘弦子舞)	传统舞蹈	四川省巴塘县
8	卡斯达温舞	传统舞蹈	四川省黑水县
9	㑇舞	传统舞蹈	四川省九寨沟县
10	川剧	传统戏剧	四川省
11	灯戏(川北灯戏)	传统戏剧	四川省南充市
12	木偶戏(川北大木偶戏)	传统戏剧	四川省
13	绵竹木版年画	传统美术	四川省德阳市
14	藏族唐卡(噶玛嘎孜画派)	传统美术	四川省甘孜藏族自治州
15	蜀绣	传统美术	四川省成都市
16	藏族格萨尔彩绘石刻	传统美术	四川省色达县
17	蜀锦织造技艺	传统技艺	四川省成都市
18	成都漆艺	传统技艺	四川省成都市
19	泸州老窖酒酿制技艺	传统技艺	四川省泸州市
20	自贡井盐深钻汲制技艺	传统技艺	四川省自贡市
21	自贡井盐深钻汲制技艺	传统技艺	四川省大英县
22	竹纸制作技艺	传统技艺	四川省夹江县
23	德格印经院藏族雕版印刷技艺	传统技艺	四川省德格县
24	藏医药(甘孜州南派藏医药)	传统医药	四川省甘孜藏族自治州
25	火把节(彝族火把节)	民俗	四川省凉山彝族自治州
26	羌族瓦尔俄足节	民俗	四川省阿坝藏族羌族自治州
27	都江堰放水节	民俗	四川省都江堰市

2008 年(第二批)

序号	项目名称	类别	申报地区或单位
1	彝族克智	民间文学	四川省美姑县
2	薅草锣鼓(川东土家族薅草锣鼓)	传统音乐	四川省宣汉县
3	多声部民歌(羌族多声部民歌)	传统音乐	四川省松潘县
4	多声部民歌(硗碛多声部民歌)	传统音乐	四川省雅安市
5	南坪曲子	传统音乐	四川省九寨沟县
6	制作号子(竹麻号子)	传统音乐	四川省邛崃市
7	藏族民歌(川西藏族山歌)	传统音乐	四川省甘孜藏族自治州
8	藏族民歌(川西藏族山歌)	传统音乐	四川省阿坝藏族羌族自治州
9	藏族民歌(川西藏族山歌)	传统音乐	四川省炉霍县

续表

序号	项目名称	类别	申报地区或单位
10	藏族民歌(玛达咪山歌)	传统音乐	四川省九龙县
11	洞经音乐(文昌洞经古乐)	传统音乐	四川省梓潼县
12	口弦音乐	传统音乐	四川省布拖县
13	道教音乐(成都道教音乐)	传统音乐	四川省成都市
14	龙舞(黄龙溪火龙灯舞)	传统舞蹈	四川省双流县
15	锅庄舞(甘孜锅庄)	传统舞蹈	四川省石渠县
16	锅庄舞(甘孜锅庄)	传统舞蹈	四川省雅江县
17	锅庄舞(甘孜锅庄)	传统舞蹈	四川省新龙县
18	锅庄舞(甘孜锅庄)	传统舞蹈	四川省德格县
19	锅庄舞(马奈锅庄)	传统舞蹈	四川省金川县
20	翻山铰子	传统舞蹈	四川省平昌县
21	羌族羊皮鼓舞	传统舞蹈	四川省汶川县
22	得荣学羌	传统舞蹈	四川省得荣县
23	甲搓	传统舞蹈	四川省盐源县
24	博巴森根	传统舞蹈	四川省理县
25	藏戏(德格格萨尔藏戏)	传统戏剧	四川省德格县
26	藏戏(巴塘藏戏)	传统戏剧	四川省巴塘县
27	藏戏(色达藏戏)	传统戏剧	四川省色达县
28	皮影戏(四川皮影戏)	传统戏剧	四川省阆中市
29	皮影戏(四川皮影戏)	传统戏剧	四川省南部县
30	四川扬琴	曲艺	四川省曲艺团
31	四川扬琴	曲艺	四川省音乐舞蹈研究所
32	四川扬琴	曲艺	成都艺术剧院
33	四川竹琴	曲艺	四川省成都艺术剧院
34	四川清音	曲艺	四川省成都艺术剧院
35	金钱板	曲艺	四川省成都市
36	峨眉武术	传统体育、游艺与杂技	四川省峨眉山市
37	竹刻(江安竹簧)	传统美术	四川省江安县
38	泥塑(徐氏泥彩塑)	传统美术	四川省大英县
39	竹编(渠县刘氏竹编)	传统美术	四川省渠县
40	竹编(青神竹编)	传统美术	四川省青神县

续表

序号	项目名称	类别	申报地区或单位
41	竹编(瓷胎竹编)	传统美术	四川省邛崃市
42	草编(沐川草龙)	传统美术	四川省沐川县
43	石雕(白花石刻)	传统美术	四川省广元市
44	石雕(安岳石刻)	传统美术	四川省安岳县
45	藏文书法(德格藏文书法)	传统美术	四川省德格县
46	木版年画(夹江年画)	传统美术	四川省夹江县
47	羌族刺绣	传统美术	四川省汶川县
48	民间绣活(麻柳刺绣)	传统美术	四川省广元市
49	糖塑(成都糖画)	传统美术	四川省成都市
50	扎染技艺(自贡扎染技艺)	传统技艺	四川省自贡市
51	银饰制作技艺(彝族银饰制作技艺)	传统技艺	四川省布拖县
52	制扇技艺(龚扇)	传统技艺	四川省自贡市
53	陶器烧制技艺(藏族黑陶烧制技艺)	传统技艺	四川省稻城县
54	陶器烧制技艺(荥经砂器烧制技艺)	传统技艺	四川省荥经县
55	毛纺织及擀制技艺(彝族毛纺织及擀制技艺)	传统技艺	四川省昭觉县
56	毛纺织及擀制技艺(藏族牛羊毛编织技艺)	传统技艺	四川省色达县
57	藏族金属锻造技艺(藏族锻铜技艺)	传统技艺	四川省白玉县
58	成都银花丝制作技艺	传统技艺	四川省成都市青羊区
59	彝族漆器髹饰技艺	传统技艺	四川省喜德县
60	伞制作技艺(油纸伞制作技艺)	传统技艺	四川省泸州市江阳区
61	蒸馏酒传统酿造技艺(五粮液酒传统酿造技艺)	传统技艺	四川省宜宾市
62	蒸馏酒传统酿造技艺(水井坊酒传统酿造技艺)	传统技艺	四川省成都市
63	蒸馏酒传统酿造技艺(剑南春酒传统酿造技艺)	传统技艺	四川省绵竹市
64	蒸馏酒传统酿造技艺(古蔺郎酒传统酿造技艺)	传统技艺	四川省古蔺县
65	蒸馏酒传统酿造技艺(沱牌曲酒传统酿造技艺)	传统技艺	四川省射洪县
66	黑茶制作技艺(南路边茶制作技艺)	传统技艺	四川省雅安市
67	豆瓣传统制作技艺(郫县豆瓣传统制作技艺)	传统技艺	四川省郫县
68	豆豉酿制技艺(潼川豆豉酿制技艺)	传统技艺	四川省三台县
69	藏族碉楼营造技艺	传统技艺	四川省丹巴县
70	中药炮制技术(中药炮制技艺)	传统医药	四川省成都市
71	灯会(自贡灯会)	民俗	四川省自贡市
72	羌年	民俗	四川省茂县

续表

序号	项目名称	类别	申报地区或单位
73	羌年	民俗	四川省汶川县
74	羌年	民俗	四川省理县
75	羌年	民俗	四川省北川羌族自治县
76	抬阁(芯子、铁枝、飘色)(大坝高装)	民俗	四川省兴文县
77	抬阁(芯子、铁枝、飘色)(青林口高抬戏)	民俗	四川省江油市
78	三汇彩亭会	民俗	四川省渠县

2011 年(第三批)

序号	项目名称	类别	申报地区或单位
1	禹的传说	民间文学	四川省汶川县
2	禹的传说	民间文学	四川省北川羌族自治县
3	羌戈大战	民间文学	四川省汶川县
4	藏族民歌(藏族赶马调)	传统音乐	四川省冕宁县
5	口弦音乐	传统音乐	四川省北川羌族自治县
6	佛教音乐(觉囊梵音)	传统音乐	四川省壤塘县
7	跳曹盖	传统舞蹈	四川省平武县
8	盆景技艺(川派盆景技艺)	传统美术	四川省盆景艺术家协会
9	棕编(新繁棕编)	传统美术	四川省成都市新都区
10	藏族编织、挑花刺绣工艺	传统美术	四川省阿坝藏族羌族自治州
11	蜡染技艺(苗族蜡染技艺)	传统技艺	四川省珙县
12	碉楼营造技艺(羌族碉楼营造技艺)	传统技艺	四川省汶川县
13	碉楼营造技艺(羌族碉楼营造技艺)	传统技艺	四川省茂县
14	彝族年	民俗	四川省凉山彝族自治州
15	婚俗(彝族传统婚俗)	民俗	四川省美姑县

2014 年(第四批)

序号	项目名称	类别	申报地区或单位
1	毕阿史拉则传说	民间文学	四川省金阳县
2	玛牧	民间文学	四川省喜德县
3	多声部民歌(阿尔麦多声部民歌)	传统音乐	四川省黑水县
4	洞经音乐(邛都洞经音乐)	传统音乐	四川省西昌市
5	西岭山歌	传统音乐	四川省大邑县
6	毕摩音乐	传统音乐	四川省美姑县
7	堆谐(甘孜踢踏)	传统舞蹈	四川省甘孜县

续表

序号	项目名称	类别	申报地区或单位
8	古蔺花灯	传统舞蹈	四川省古蔺县
9	登嘎甘㑇(熊猫舞)	传统舞蹈	四川省九寨沟县
10	木偶戏(中型杖头木偶戏)	传统戏剧	四川省资中县
11	阳戏(射箭提阳戏)	传统戏剧	四川省广元市昭化区
12	竹编(道明竹编)	传统美术	四川省崇州市
13	毕摩绘画	传统美术	四川省美姑县
14	传统棉纺织技艺(傈僳族火草织布技艺)	传统技艺	四川省德昌县
15	地毯织造技艺(阆中丝毯织造技艺)	传统技艺	四川省阆中市
16	酱油酿造技艺(先市酱油酿造技艺)	传统技艺	四川省合江县
17	民间信俗(康定转山会)	民俗	四川省康定县
18	祭祖习俗(凉山彝族尼木措毕祭祀)	民俗	四川省美姑县
19	彝族服饰	民俗	四川省昭觉县

2021 年(第五批)

序号	项目名称	类别	申报地区或单位
1	龙舞(安仁板凳龙)	传统舞蹈	四川省达州市
2	端公戏(旺苍端公戏)	传统戏剧	四川省广元市
3	藏棋	传统体育、游艺与杂技	四川省阿坝藏族羌族自治州
4	青城武术	传统体育、游艺与杂技	四川省成都市都江堰市
5	滑竿(华蓥山滑竿抬幺妹)	传统体育、游艺与杂技	四川省广安市
6	藏族唐卡(郎卡杰唐卡)	传统美术	四川省甘孜藏族自治州
7	藤编(怀远藤编)	传统美术	四川省成都市崇州市
8	彝族刺绣(凉山彝族刺绣)	传统美术	四川省凉山彝族自治州
9	酿醋技艺(保宁醋传统酿造工艺)	传统技艺	四川省南充市
10	手工制鞋技艺(唐昌布鞋制作技艺)	传统技艺	四川省成都市郫都区
11	绿茶制作技艺(蒙山茶传统制作技艺)	传统技艺	四川省雅安市
12	川菜烹饪技艺	传统技艺	四川省
13	彝族传统建筑营造技艺(凉山彝族传统民居营造技艺)	传统技艺	四川省凉山彝族自治州
14	中医诊疗法(李仲愚杵针疗法)	传统医药	四川省

三、甘肃省国家级非物质文化遗产代表性项目名录

2006年(第一批)

序号	项目名称	类别	申报地区或单位
1	河西宝卷	民间文学	甘肃省武威市凉州区
2	河西宝卷	民间文学	甘肃省酒泉市肃州区
3	格萨(斯)尔	民间文学	甘肃省
4	裕固族民歌	传统音乐	甘肃省肃南裕固族自治县
5	花儿(莲花山花儿会)	传统音乐	甘肃省康乐县
6	花儿(松鸣岩花儿会)	传统音乐	甘肃省和政县
7	花儿(二郎山花儿会)	传统音乐	甘肃省岷县
8	唢呐艺术	传统音乐	甘肃省庆阳市
9	高跷(苦水高高跷)	传统舞蹈	甘肃省永登县
10	兰州太平鼓	传统舞蹈	甘肃省兰州市
11	曲子戏(敦煌曲子戏)	传统戏剧	甘肃省敦煌市
12	曲子戏(华亭曲子戏)	传统戏剧	甘肃省华亭县
13	道情戏(陇剧)	传统戏剧	甘肃省
14	皮影戏(环县道情皮影戏)	传统戏剧	甘肃省环县
15	贤孝(凉州贤孝)	曲艺	甘肃省武威市
16	贤孝(河州贤孝)	曲艺	甘肃省临夏市
17	兰州鼓子	曲艺	甘肃省兰州市
18	庆阳香包绣制	传统美术	甘肃省庆阳市
19	夜光杯雕	传统美术	甘肃省酒泉市
20	临夏砖雕	传统美术	甘肃省临夏县
21	保安族腰刀锻制技艺	传统技艺	甘肃省积石山保安族东乡族撒拉族自治县
22	兰州黄河大水车制作技艺	传统技艺	甘肃省兰州市
23	太昊伏羲祭典	民俗	甘肃省天水市

2008年(第二批)

序号	项目名称	类别	申报地区或单位
1	宝卷(河西宝卷)	民间文学	甘肃省张掖市
2	米拉尕黑	民间文学	甘肃省东乡族自治县
3	藏族民歌(华锐藏族民歌)	传统音乐	甘肃省天祝藏族自治县
4	藏族民歌(甘南藏族民歌)	传统音乐	甘肃省甘南藏族自治州

续表

序号	项目名称	类别	申报地区或单位
5	佛教音乐(拉卜楞寺佛殿音乐道得尔)	传统音乐	甘肃省夏河县
6	道教音乐(清水道教音乐)	传统音乐	甘肃省清水县
7	傩舞(文县池哥昼)	传统舞蹈	甘肃省文县
8	傩舞(永靖七月跳会)	传统舞蹈	甘肃省永靖县
9	鼓舞(凉州攻鼓子)	传统舞蹈	甘肃省武威市
10	鼓舞(武山旋鼓舞)	传统舞蹈	甘肃省武山县
11	多地舞	传统舞蹈	甘肃省舟曲县
12	巴郎鼓舞	传统舞蹈	甘肃省卓尼县
13	秦腔	传统戏剧	甘肃省秦剧团
14	武都高山戏	传统戏剧	甘肃省陇南市
15	哈萨克族阿依特斯	曲艺	甘肃省阿克塞哈萨克族自治县
16	秦安小曲	曲艺	甘肃省秦安县
17	藏族唐卡(甘南藏族唐卡)	传统美术	甘肃省夏河县
18	剪纸(庆阳剪纸)	传统美术	甘肃省镇原县
19	雕漆技艺	传统技艺	甘肃省天水市秦州区
20	毛纺织及擀制技艺(东乡族擀毡技艺)	传统技艺	甘肃省东乡族自治县
21	砚台制作技艺(洮砚制作技艺)	传统技艺	甘肃省卓尼县
22	砚台制作技艺(洮砚制作技艺)	传统技艺	甘肃省岷县
23	窑洞营造技艺	传统技艺	甘肃省庆阳市
24	藏医药(甘南藏医药)	传统医药	甘肃省碌曲县
25	七夕节(乞巧节)	民俗	甘肃省西和县
26	元宵节(永昌县卍字灯俗)	民俗	甘肃省永昌县
27	民间信俗(西王母信俗)	民俗	甘肃省泾川县
28	抬阁(芯子、铁枝、飘色)(庄浪县高抬)	民俗	甘肃省庄浪县
29	蒙古族服饰	民俗	甘肃省肃北蒙古族自治县
30	裕固族服饰	民俗	甘肃省肃南裕固族自治县

2011 年(第三批)

序号	项目名称	类别	申报地区或单位
1	巴当舞	传统舞蹈	甘肃省岷县
2	曲子戏	传统戏剧	甘肃省白银市
3	藏戏(南木特藏戏)	传统戏剧	甘肃省甘南藏族自治州
4	通渭小曲戏	传统戏剧	甘肃省通渭县

续表

序号	项目名称	类别	申报地区或单位
5	河州平弦	曲艺	甘肃省临夏市
6	剪纸(会宁剪纸)	传统美术	甘肃省会宁县
7	女娲祭典(秦安女娲祭典)	民俗	甘肃省秦安县
8	婚俗(裕固族传统婚俗)	民俗	甘肃省张掖市

2014 年(第四批)

序号	项目名称	类别	申报地区或单位
1	花儿(张家川花儿)	传统音乐	甘肃省张家川回族自治县
2	皮影戏(通渭影子腔)	传统戏剧	甘肃省通渭县
3	剪纸(定西剪纸)	传统美术	甘肃省定西市
4	生铁冶铸技艺	传统技艺	甘肃省永靖县
5	地毯织造技艺(天水丝毯织造技艺)	传统技艺	甘肃省天水市秦州区
6	古建筑修复技艺	传统技艺	甘肃省永靖县
7	民间信俗(岷县青苗会)	民俗	甘肃省岷县

2021 年(第五批)

序号	项目名称	类别	申报地区或单位
1	宝卷(岷县宝卷)	民间文学	甘肃省定西市岷县
2	祝赞词(肃北蒙古族祝赞词)	民间文学	甘肃省酒泉市肃北蒙古族自治县
3	甘州小调	传统音乐	甘肃省张掖市甘州区
4	两当号子	传统音乐	甘肃省陇南市两当县
5	锅庄舞(甘南锅庄舞)	传统舞蹈	甘肃省甘南藏族自治州
6	陇西云阳板	传统舞蹈	甘肃省定西市陇西县
7	曲子戏(民勤曲子戏)	传统戏剧	甘肃省武威市民勤县
8	龙头琴弹唱	曲艺	甘肃省甘南藏族自治州玛曲县
9	拔河(万人扯绳赛)	传统体育、游艺与杂技	甘肃省甘南藏族自治州临潭县
10	藏族唐卡(天祝唐卡)	传统美术	甘肃省武威市天祝藏族自治县
11	传统面食制作技艺(兰州牛肉面制作技艺)	传统技艺	甘肃省兰州市
12	麻纸制作技艺(西和麻纸制作技艺)	传统技艺	甘肃省陇南市西和县
13	中药炮制技艺(岷县当归加工技艺)	传统医药	甘肃省定西市岷县
14	元宵节(东山转灯)	民俗	甘肃省甘南藏族自治州舟曲县
15	龙神赛会	民俗	甘肃省甘南藏族自治州临潭县

四、宁夏回族自治区国家级非物质文化遗产代表性项目名录

2006 年(第一批)

序号	项目名称	类别	申报地区或单位
1	花儿(宁夏回族山花儿)	传统音乐	宁夏回族自治区
2	回族民间器乐	传统音乐	宁夏回族自治区
3	回族服饰	民俗	宁夏回族自治区

2008 年(第二批)

序号	项目名称	类别	申报地区或单位
1	佛教音乐(北武当庙寺庙音乐)	传统音乐	宁夏回族自治区平罗县
2	泥塑(杨氏家庭泥塑)	传统美术	宁夏回族自治区隆德县
3	回族医药(张氏回医正骨疗法)	传统医药	宁夏回族自治区吴忠市
4	回族医药(回族汤瓶八诊疗法)	传统医药	宁夏回族自治区银川市
5	抬阁(芯子、铁枝、飘色)(隆德县高台)	民俗	宁夏回族自治区隆德县

2011 年(第三批)

序号	项目名称	类别	申报地区或单位
1	砚台制作技艺(贺兰砚制作技艺)	传统技艺	宁夏回族自治区银川市
2	婚俗(回族传统婚俗)	民俗	宁夏回族自治区

2014 年(第四批)

序号	项目名称	类别	申报地区或单位
1	回族民间故事	民间文学	宁夏回族自治区泾源县
2	秦腔	传统戏剧	宁夏回族自治区
3	宁夏小曲	曲艺	宁夏回族自治区银川市
4	剪纸(回族剪纸)	传统美术	宁夏回族自治区
5	砖雕(固原砖雕)	传统美术	宁夏回族自治区固原市
6	滩羊皮鞣制工艺(二毛皮制作技艺)	传统技艺	宁夏回族自治区
7	回族医药(陈氏回族医技十法)	传统医药	宁夏回族自治区吴忠市
8	民间信俗(同心莲花山青苗水会)	民俗	宁夏回族自治区同心县

2021 年(第五批)

序号	项目名称	类别	申报地区或单位
1	黄羊钱鞭	传统舞蹈	宁夏回族自治区中卫市中宁县
2	民间绣活(宁夏刺绣)	传统美术	宁夏回族自治区
3	建筑彩绘(中卫建筑彩绘)	传统美术	宁夏回族自治区中卫市
4	酿醋技艺(吴忠老醋酿制技艺)	传统技艺	宁夏回族自治区吴忠市
5	地毯织造技艺(宁夏手工毯织造技艺)	传统技艺	宁夏回族自治区
6	传统面食制作技艺(中宁蒿子面制作技艺)	传统技艺	宁夏回族自治区中卫市中宁县
7	牛羊肉烹制技艺(宁夏手抓羊肉制作技艺)	传统技艺	宁夏回族自治区吴忠市
8	固原传统建筑营造技艺	传统技艺	宁夏回族自治区固原市
9	中医传统制剂方法(马氏济慈堂生育药剂制作技艺)	传统医药	宁夏回族自治区吴忠市
10	春节(六盘山区春官送福)	民俗	宁夏回族自治区固原市西吉县

五、内蒙古自治区国家级非物质文化遗产代表性项目名录

2006 年(第一批)

序号	项目名称	类别	申报地区或单位
1	格萨(斯)尔	民间文学	内蒙古自治区
2	蒙古族长调民歌	传统音乐	内蒙古自治区
3	蒙古族呼麦	传统音乐	内蒙古自治区
4	蒙古族马头琴音乐	传统音乐	内蒙古自治区
5	蒙古族四胡音乐	传统音乐	内蒙古自治区通辽市
6	达斡尔族鲁日格勒舞	传统舞蹈	内蒙古自治区莫力达瓦达斡尔族自治旗
7	蒙古族安代舞	传统舞蹈	内蒙古自治区库伦旗
8	二人台	传统戏剧	内蒙古自治区呼和浩特市
9	乌力格尔	曲艺	内蒙古自治区扎鲁特旗
10	乌力格尔	曲艺	内蒙古自治区科尔沁右翼中旗
11	达斡尔族传统曲棍球竞技	传统体育、游艺与杂技	内蒙古自治区莫力达瓦达斡尔族自治旗
12	蒙古族搏克	传统体育、游艺与杂技	内蒙古自治区
13	蒙古族勒勒车制作技艺	传统技艺	内蒙古自治区东乌珠穆沁旗
14	桦树皮制作技艺	传统技艺	内蒙古自治区鄂伦春自治旗

续表

序号	项目名称	类别	申报地区或单位
15	成吉思汗祭典	民俗	内蒙古自治区鄂尔多斯市
16	祭敖包	民俗	内蒙古自治区锡林郭勒盟
17	那达慕	民俗	内蒙古自治区锡林郭勒盟
18	鄂尔多斯婚礼	民俗	内蒙古自治区鄂尔多斯市

2008年（第二批）

序号	项目名称	类别	申报地区或单位
1	巴拉根仓的故事	民间文学	内蒙古自治区通辽市
2	嘎达梅林	民间文学	内蒙古自治区科尔沁左翼中旗
3	科尔沁潮尔史诗	民间文学	内蒙古自治区
4	多声部民歌（潮尔道-蒙古族合声演唱）	传统音乐	内蒙古自治区锡林浩特市
5	爬山调	传统音乐	内蒙古自治区呼和浩特市
6	爬山调	传统音乐	内蒙古自治区乌拉特前旗
7	漫瀚调	传统音乐	内蒙古自治区准格尔旗
8	蒙古族民歌（科尔沁叙事民歌）	传统音乐	内蒙古自治区通辽市
9	蒙古族民歌（鄂尔多斯短调民歌）	传统音乐	内蒙古自治区鄂尔多斯市
10	蒙古族民歌（鄂尔多斯古如歌）	传统音乐	内蒙古自治区杭锦旗
11	鄂温克族民歌（鄂温克叙事民歌）	传统音乐	内蒙古自治区鄂温克族自治旗
12	鄂伦春族民歌（鄂伦春族赞达仁）	传统音乐	内蒙古自治区鄂伦春自治旗
13	达斡尔族民歌（达斡尔扎恩达勒）	传统音乐	内蒙古自治区莫力达瓦达斡尔族自治旗
14	查玛	传统舞蹈	内蒙古自治区阿拉善盟
15	东北二人转	曲艺	内蒙古自治区通辽市
16	乌力格尔	曲艺	内蒙古自治区通辽市
17	达斡尔族乌钦	曲艺	内蒙古自治区莫力达瓦达斡尔族自治旗
18	好来宝	曲艺	内蒙古自治区科尔沁左翼后旗
19	蒙古族象棋	传统体育、游艺与杂技	内蒙古自治区阿拉善盟
20	沙力搏尔式摔跤	传统体育、游艺与杂技	内蒙古自治区阿拉善左旗
21	鄂温克抢枢	传统体育、游艺与杂技	内蒙古自治区鄂温克族自治旗
22	剪纸（和林格尔剪纸）	传统美术	内蒙古自治区和林格尔县
23	蒙古族勒勒车制作技艺	传统技艺	内蒙古自治区阿鲁科尔沁旗

续表

序号	项目名称	类别	申报地区或单位
24	桦树皮制作技艺(鄂温克族桦树皮制作技艺)	传统技艺	内蒙古自治区根河市
25	地毯织造技艺(阿拉善地毯织造技艺)	传统技艺	内蒙古自治区阿拉善左旗
26	鄂伦春族狍皮制作技艺	传统技艺	内蒙古自治区鄂伦春自治旗
27	蒙古族马具制作技艺	传统技艺	内蒙古自治区科尔沁左翼后旗
28	牛羊肉烹制技艺(烤全羊技艺)	传统技艺	内蒙古自治区阿拉善盟
29	蒙古包营造技艺	传统技艺	内蒙古自治区文学艺术界联合会
30	蒙古包营造技艺	传统技艺	内蒙古自治区西乌珠穆沁旗
31	蒙古包营造技艺	传统技艺	内蒙古自治区陈巴尔虎旗
32	蒙医药(赞巴拉道尔吉温针、火针疗法)	传统医药	内蒙古自治区
33	蒙古族婚礼(阿日奔苏木婚礼)	民俗	内蒙古自治区阿鲁科尔沁旗
34	蒙古族婚礼(乌珠穆沁婚礼)	民俗	内蒙古自治区西乌珠穆沁旗
35	抬阁(芯子、铁枝、飘色)(脑阁)	民俗	内蒙古自治区土默特左旗
36	鄂温克驯鹿习俗	民俗	内蒙古自治区根河市
37	蒙古族养驼习俗	民俗	内蒙古自治区阿拉善盟
38	蒙古族服饰	民俗	内蒙古自治区

2011 年(第三批)

序号	项目名称	类别	申报地区或单位
1	祝赞词	民间文学	内蒙古自治区东乌珠穆沁旗
2	多声部民歌(潮尔道-阿巴嘎潮尔)	传统音乐	内蒙古自治区阿巴嘎旗
3	蒙古族民歌(乌拉特民歌)	传统音乐	内蒙古自治区乌拉特前旗
4	鄂温克族萨满舞	传统舞蹈	内蒙古自治区根河市
5	晋剧	传统戏剧	内蒙古自治区呼和浩特市
6	二人台(东路二人台)	传统戏剧	内蒙古自治区乌兰察布市
7	皮影戏(巴林左旗皮影戏)	传统戏剧	内蒙古自治区巴林左旗
8	剪纸(包头剪纸)	传统美术	内蒙古自治区包头市
9	弓箭制作技艺(蒙古族牛角弓制作技艺)	传统技艺	内蒙古师范大学
10	民族乐器制作技艺(蒙古族拉弦乐器制作技艺)	传统技艺	内蒙古自治区科尔沁右翼中旗
11	蒙医药(蒙医传统正骨术)	传统医药	内蒙古自治区中蒙医医院
12	蒙医药(蒙医正骨疗法)	传统医药	内蒙古自治区科尔沁左翼后旗
13	民间信俗(梅日更召信俗)	民俗	内蒙古自治区包头市九原区
14	俄罗斯族巴斯克节	民俗	内蒙古自治区额尔古纳市

2014 年（第四批）

序号	项目名称	类别	申报地区或单位
1	格萨（斯）尔	民间文学	内蒙古自治区巴林右旗
2	蒙古族长调民歌（巴尔虎长调）	传统音乐	内蒙古自治区新巴尔虎左旗
3	蒙古族四胡音乐	传统音乐	内蒙古自治区科尔沁右翼中旗
4	阿斯尔	传统音乐	内蒙古自治区镶黄旗
5	蒙古族汗廷音乐	传统音乐	内蒙古自治区阿鲁科尔沁旗
6	潮尔（蒙古族弓弦乐）	传统音乐	内蒙古自治区通辽市
7	蒙古族搏克	传统体育、游艺与杂技	内蒙古自治区东乌珠穆沁旗
8	布鲁	传统体育、游艺与杂技	内蒙古自治区库伦旗
9	蒙古族驼球	传统体育、游艺与杂技	内蒙古自治区乌拉特后旗
10	蒙古族刺绣	传统美术	内蒙古自治区苏尼特左旗
11	蒙古文书法	传统美术	内蒙古自治区
12	奶制品制作技艺（察干伊德）	传统技艺	内蒙古自治区正蓝旗
13	中医传统制剂方法（鸿茅药酒配制技艺）	传统医药	内蒙古自治区凉城县
14	蒙医药（科尔沁蒙医药浴疗法）	传统医药	内蒙古自治区科尔沁右翼中旗
15	蒙古族服饰	民俗	内蒙古自治区正蓝旗
16	察干苏力德祭	民俗	内蒙古自治区乌审旗
17	博格达乌拉祭	民俗	内蒙古自治区扎赉特旗
18	达斡尔族服饰	民俗	内蒙古自治区呼伦贝尔市
19	鄂温克族服饰	民俗	内蒙古自治区陈巴尔虎旗

2021 年（第五批）

序号	项目名称	类别	申报地区或单位
1	江格尔	民间文学	内蒙古自治区艺术研究院（内蒙古自治区非物质文化遗产保护中心）
2	鄂温克族民间故事	民间文学	内蒙古自治区呼伦贝尔市鄂温克族自治旗
3	蒙古族长调民歌（乌珠穆沁长调）	传统音乐	内蒙古自治区锡林郭勒盟西乌珠穆沁旗
4	蒙古族民歌（和硕特民歌）	传统音乐	内蒙古自治区阿拉善盟阿拉善左旗
5	萨吾尔登	传统舞蹈	内蒙古自治区阿拉善盟额济纳旗
6	二人台	传统戏剧	内蒙古自治区包头市土默特右旗

续表

序号	项目名称	类别	申报地区或单位
7	乌审走马竞技	传统体育、游艺与杂技	内蒙古自治区鄂尔多斯市乌审旗
8	石雕(巴林石雕)	传统美术	内蒙古自治区赤峰市
9	蒙古族刺绣(图什业图刺绣)	传统美术	内蒙古自治区兴安盟科尔沁右翼中旗
10	蒙古族唐卡(马鬃绕线堆绣唐卡)	传统美术	内蒙古自治区阿拉善盟阿拉善左旗
11	毛绣(察哈尔毛绣)	传统美术	内蒙古自治区乌兰察布市察哈尔右翼后旗
12	皮艺(蒙古族皮艺)	传统美术	内蒙古自治区呼和浩特市
13	银铜器制作及鎏金技艺(乌拉特铜银器制作技艺)	传统技艺	内蒙古自治区巴彦淖尔市乌拉特中旗
14	中医正骨疗法(三空李氏正骨)	传统医药	内蒙古自治区呼和浩特市
15	蒙医药(蒙医乌拉灸术)	传统医药	内蒙古自治区通辽市
16	民间信俗(巴音居日合乌拉祭)	民俗	内蒙古自治区兴安盟科尔沁右翼前旗
17	民间信俗(六十棵榆树祭)	民俗	内蒙古自治区鄂尔多斯市鄂托克前旗

六、陕西省国家级非物质文化遗产代表性项目名录

2006 年(第一批)

序号	项目名称	类别	申报地区或单位
1	紫阳民歌	传统音乐	陕西省紫阳县
2	西安鼓乐	传统音乐	陕西省
3	蓝田普化水会音乐	传统音乐	陕西省蓝田县
4	秧歌(陕北秧歌)	传统舞蹈	陕西省绥德县
5	安塞腰鼓	传统舞蹈	陕西省安塞县
6	洛川蹩鼓	传统舞蹈	陕西省洛川县
7	秦腔	传统戏剧	陕西省
8	汉调桄桄	传统戏剧	陕西省汉中市
9	汉调二簧	传统戏剧	陕西省安康市
10	商洛花鼓	传统戏剧	陕西省商洛市
11	皮影戏(华县皮影戏)	传统戏剧	陕西省渭南市
12	皮影戏(华阴老腔)	传统戏剧	陕西省华阴市
13	皮影戏(阿宫腔)	传统戏剧	陕西省富平县
14	皮影戏(弦板腔)	传统戏剧	陕西省乾县
15	木偶戏(郃阳提线木偶戏)	传统戏剧	陕西省

续表

序号	项目名称	类别	申报地区或单位
16	陕北说书	曲艺	陕西省延安市
17	榆林小曲	曲艺	陕西省榆林市
18	凤翔木版年画	传统美术	陕西省凤翔县
19	剪纸(安塞剪纸)	传统美术	陕西省安塞县
20	泥塑(凤翔泥塑)	传统美术	陕西省凤翔县
21	耀州窑陶瓷烧制技艺	传统技艺	陕西省铜川市
22	澄城尧头陶瓷烧制技艺	传统技艺	陕西省澄城县
23	黄帝陵祭典	民俗	陕西省黄陵县
24	民间社火	民俗	陕西省宝鸡市

2008 年(第二批)

序号	项目名称	类别	申报地区或单位
1	唢呐艺术(绥米唢呐)	传统音乐	陕西省绥德县
2	唢呐艺术(绥米唢呐)	传统音乐	陕西省米脂县
3	陕北民歌	传统音乐	陕西省榆林市
4	陕北民歌	传统音乐	陕西省延安市
5	镇巴民歌	传统音乐	陕西省镇巴县
6	锣鼓艺术(韩城行鼓)	传统音乐	陕西省韩城市
7	道教音乐(白云山道教音乐)	传统音乐	陕西省佳县
8	鼓舞(横山老腰鼓)	传统舞蹈	陕西省横山县
9	鼓舞(宜川胸鼓)	传统舞蹈	陕西省宜川县
10	靖边跑驴	传统舞蹈	陕西省靖边县
11	二人台	传统戏剧	陕西省府谷县
12	眉户(华阴迷胡)	传统戏剧	陕西省华阴市
13	同州梆子	传统戏剧	陕西省大荔县
14	合阳跳戏	传统戏剧	陕西省合阳县
15	陕北道情	曲艺	陕西省延安市
16	陕北道情	曲艺	陕西省清涧县
17	眉户曲子	曲艺	陕西省户县
18	韩城秧歌	曲艺	陕西省韩城市
19	红拳	传统体育、游艺与杂技	陕西省
20	面花(黄陵面花)	传统美术	陕西省黄陵县
21	民间绣活(西秦刺绣)	传统美术	陕西省宝鸡市

续表

序号	项目名称	类别	申报地区或单位
22	民间绣活(澄城刺绣)	传统美术	陕西省澄城县
23	建筑彩绘(陕北匠艺丹青)	传统美术	陕西省
24	烟火爆竹制作技艺(蒲城杆火技艺)	传统技艺	陕西省蒲城县
25	烟火爆竹制作技艺(架花烟火爆竹制作技艺)	传统技艺	陕西省洋县
26	楮皮纸制作技艺	传统技艺	陕西省西安市长安区
27	同盛祥牛羊肉泡馍制作技艺	传统技艺	陕西省西安市
28	炎帝祭典	民俗	陕西省宝鸡市
29	民间社火(洋县悬台社火)	民俗	陕西省洋县
30	庙会(药王山庙会)	民俗	陕西省铜川市

2011 年(第三批)

序号	项目名称	类别	申报地区或单位
1	牛郎织女传说	民间文学	陕西省西安市长安区
2	木兰传说	民间文学	陕西省延安市宝塔区
3	蔡伦造纸传说	民间文学	陕西省汉中市
4	洞箫音乐(高陵洞箫)	传统音乐	陕西省高陵县
5	佛教音乐(洋县佛教音乐)	传统音乐	陕西省洋县
6	道情戏(商洛道情戏)	传统戏剧	陕西省商洛市
7	弦子腔	传统戏剧	陕西省平利县
8	洛南静板书	曲艺	陕西省洛南县
9	剪纸(延川剪纸)	传统美术	陕西省延川县
10	剪纸(旬邑彩贴剪纸)	传统美术	陕西省旬邑县
11	窑洞营造技艺(陕北窑洞营造技艺)	传统技艺	陕西省延安市宝塔区

2014 年(第四批)

序号	项目名称	类别	申报地区或单位
1	谚语(陕北民谚)	民间文学	陕西省榆林市
2	仓颉传说	民间文学	陕西省洛南县
3	仓颉传说	民间文学	陕西省白水县
4	旬阳民歌	传统音乐	陕西省旬阳县
5	木偶戏(陕西杖头木偶戏)	传统戏剧	陕西省
6	眉户	传统戏剧	陕西省戏曲研究院
7	幻术(周化一魔术)	传统体育、游艺与杂技	陕西省

续表

序号	项目名称	类别	申报地区或单位
8	石雕(富平石刻)	传统美术	陕西省富平县
9	石雕(绥德石雕)	传统美术	陕西省绥德县
10	中医传统制剂方法(马明仁膏药制作技艺)	传统医药	陕西省西安市碑林区
11	元宵节(彬县灯山会)	民俗	陕西省彬县
12	民间信俗(迎城隍)	民俗	陕西省西安市
13	祭祖习俗(徐村司马迁祭祀)	民俗	陕西省韩城市

2021 年(第五批)

序号	项目名称	类别	申报地区或单位
1	张骞传说	民间文学	陕西省汉中市城固县
2	古琴艺术	传统音乐	陕西省
3	唢呐艺术(子长唢呐)	传统音乐	陕西省延安市子长市
4	碗碗腔(渭南碗碗腔)	传统戏剧	陕西省渭南市临渭区
5	陕西快板	曲艺	陕西省
6	藤编(汉中藤编)	传统美术	陕西省汉中市南郑区
7	蒸馏酒传统酿造技艺(西凤酒酿造技艺)	传统技艺	陕西省宝鸡市凤翔区
8	黑茶制作技艺(咸阳茯茶制作技艺)	传统技艺	陕西省咸阳市
9	传统面食制作技艺(老孙家羊肉泡馍制作技艺)	传统技艺	陕西省
10	传统面食制作技艺(西安贾三灌汤包子制作技艺)	传统技艺	陕西省
11	关中传统民居营造技艺	传统技艺	陕西省
12	中医正骨疗法(朱氏正骨术)	传统医药	陕西省渭南市富平县
13	规约习俗(吕氏乡约乡仪)	民俗	陕西省西安市蓝田县

七、山西省国家级非物质文化遗产代表性项目名录

2006 年(第一批)

序号	项目名称	类别	申报地区或单位
1	董永传说	民间文学	山西省万荣县
2	左权开花调	传统音乐	山西省左权县
3	河曲民歌	传统音乐	山西省河曲县
4	晋南威风锣鼓	传统音乐	山西省临汾市
5	绛州鼓乐	传统音乐	山西省新绛县
6	上党八音会	传统音乐	山西省晋城市

续表

序号	项目名称	类别	申报地区或单位
7	文水鈲子	传统音乐	山西省文水县
8	五台山佛乐	传统音乐	山西省五台县
9	狮舞(天塔狮舞)	传统舞蹈	山西省襄汾县
10	高跷(高跷走兽)	传统舞蹈	山西省稷山县
11	翼城花鼓	传统舞蹈	山西省翼城县
12	晋剧	传统戏剧	山西省
13	蒲州梆子	传统戏剧	山西省临汾市
14	蒲州梆子	传统戏剧	山西省运城市
15	北路梆子	传统戏剧	山西省忻州市
16	上党梆子	传统戏剧	山西省晋城市
17	雁北耍孩儿	传统戏剧	山西省大同市
18	灵丘罗罗腔	传统戏剧	山西省灵丘县
19	碗碗腔(孝义碗碗腔)	传统戏剧	山西省孝义市
20	秧歌戏(朔州秧歌戏)	传统戏剧	山西省朔州市
21	秧歌戏(繁峙秧歌戏)	传统戏剧	山西省繁峙县
22	道情戏(晋北道情戏)	传统戏剧	山西省右玉县
23	道情戏(临县道情戏)	传统戏剧	山西省临县
24	二人台	传统戏剧	山西省河曲县
25	锣鼓杂戏	传统戏剧	山西省临猗县
26	皮影戏(孝义皮影戏)	传统戏剧	山西省孝义市
27	潞安大鼓	曲艺	山西省长治市
28	剪纸(中阳剪纸)	传统美术	山西省中阳县
29	阳城生铁冶铸技艺	传统技艺	山西省阳城县
30	平遥推光漆器髹饰技艺	传统技艺	山西省平遥县
31	杏花村汾酒酿制技艺	传统技艺	山西省汾阳市
32	清徐老陈醋酿制技艺	传统技艺	山西省清徐县
33	民间社火	民俗	山西省潞城县

2008 年(第二批)

序号	项目名称	类别	申报地区或单位
1	杨家将传说(杨家将说唱)	民间文学	山西省
2	尧的传说	民间文学	山西省绛县
3	牛郎织女传说	民间文学	山西省和顺县
4	笑话(万荣笑话)	民间文学	山西省万荣县

续表

序号	项目名称	类别	申报地区或单位
5	唢呐艺术(晋北鼓吹)	传统音乐	山西省阳高县
6	唢呐艺术(上党八音会)	传统音乐	山西省长子县
7	唢呐艺术(上党乐户班社)	传统音乐	山西省壶关县
8	唢呐艺术(晋北鼓吹)	传统音乐	山西省忻州市
9	锣鼓艺术(太原锣鼓)	传统音乐	山西省太原市
10	道教音乐(恒山道乐)	传统音乐	山西省阳高县
11	秧歌(临县伞头秧歌)	传统舞蹈	山西省临县
12	秧歌(原平凤秧歌)	传统舞蹈	山西省原平市
13	秧歌(汾阳地秧歌)	传统舞蹈	山西省汾阳市
14	傩舞(寿阳爱社)	传统舞蹈	山西省寿阳县
15	鼓舞(平定武迓鼓)	传统舞蹈	山西省平定县
16	晋剧	传统戏剧	山西省太原市
17	上党梆子	传统戏剧	山西省长治市
18	秧歌戏(祁太秧歌)	传统戏剧	山西省祁县
19	秧歌戏(祁太秧歌)	传统戏剧	山西省太谷县
20	秧歌戏(襄武秧歌)	传统戏剧	山西省襄垣县
21	秧歌戏(襄武秧歌)	传统戏剧	山西省武乡县
22	秧歌戏(壶关秧歌)	传统戏剧	山西省壶关县
23	道情戏(洪洞道情)	传统戏剧	山西省洪洞县
24	木偶戏(孝义木偶戏)	传统戏剧	山西省孝义市
25	赛戏	传统戏剧	山西省朔州市
26	上党落子	传统戏剧	山西省黎城县
27	上党落子	传统戏剧	山西省潞城市
28	眉户(运城眉户)	传统戏剧	山西省运城市
29	襄垣鼓书	曲艺	山西省襄垣县
30	三弦书(沁州三弦书)	曲艺	山西省沁县
31	心意拳	传统体育、游艺与杂技	山西省晋中市
32	挠羊赛	传统体育、游艺与杂技	山西省忻州市
33	风火流星	传统体育、游艺与杂技	山西省太原市
34	剪纸(广灵染色剪纸)	传统美术	山西省广灵县
35	砖雕(山西民居砖雕)	传统美术	山西省清徐县

续表

序号	项目名称	类别	申报地区或单位
36	面花(阳城焙面面塑)	传统美术	山西省阳城县
37	面花(闻喜花馍)	传统美术	山西省闻喜县
38	面花(定襄面塑)	传统美术	山西省定襄县
39	面花(新绛面塑)	传统美术	山西省新绛县
40	木版年画(平阳木版年画)	传统美术	山西省临汾市
41	堆锦(上党堆锦)	传统美术	山西省长治市堆锦研究所
42	堆锦(上党堆锦)	传统美术	山西省长治市群众艺术馆
43	民间绣活(高平绣活)	传统美术	山西省高平市
44	布老虎(黎侯虎)	传统美术	山西省黎城县
45	建筑彩绘(炕围画)	传统美术	山西省襄垣县
46	老陈醋酿制技艺(美和居老陈醋酿制技艺)	传统技艺	山西省太原市
47	琉璃烧制技艺	传统技艺	山西省
48	滩羊皮鞣制工艺	传统技艺	山西省交城县
49	民族乐器制作技艺(长子响铜乐器制作技艺)	传统技艺	山西省长子县
50	砚台制作技艺(澄泥砚制作技艺)	传统技艺	山西省新绛县
51	蒸馏酒传统酿造技艺(梨花春白酒传统酿造技艺)	传统技艺	山西省朔州市
52	传统面食制作技艺(龙须拉面和刀削面制作技艺)	传统技艺	山西省全晋会馆
53	传统面食制作技艺(抿尖面和猫耳朵制作技艺)	传统技艺	山西省晋韵楼
54	月饼传统制作技艺(郭杜林晋式月饼制作技艺)	传统技艺	山西省太原市
55	牛羊肉烹制技艺(冠云平遥牛肉传统加工技艺)	传统技艺	山西省冠云平遥牛肉集团有限公司
56	六味斋酱肉传统制作技艺	传统技艺	山西省太原六味斋实业有限公司
57	窑洞营造技艺	传统技艺	山西省平陆县
58	中医传统制剂方法(龟龄集传统制作技艺)	传统医药	山西省太谷县
59	中医养生(药膳八珍汤)	传统医药	山西省太原市
60	元宵节(柳林盘子会)	民俗	山西省柳林县
61	灯会(河曲河灯会)	民俗	山西省河曲县
62	庙会(晋祠庙会)	民俗	山西省太原市晋源区
62	庙会(晋祠庙会)	民俗	山西省太原市晋源区
63	民间信俗(关公信俗)	民俗	山西省运城市
64	抬阁(芯子、铁枝、飘色)(清徐徐沟背铁棍)	民俗	山西省清徐县
65	抬阁(芯子、铁枝、飘色)(万荣抬阁)	民俗	山西省万荣县
66	抬阁(芯子、铁枝、飘色)(峨口挠阁)	民俗	山西省代县
67	祭祖习俗(大槐树祭祖习俗)	民俗	山西省洪洞县
68	洪洞走亲习俗	民俗	山西省洪洞县
69	汉族传统婚俗(孝义贾家庄婚俗)	民俗	山西省孝义市

2011 年(第三批)

序号	项目名称	类别	申报地区或单位
1	赵氏孤儿传说	民间文学	山西省盂县
2	白马拖缰传说	民间文学	山西省晋城市城区
3	舜的传说	民间文学	山西省沁水县
4	烂柯山的传说	民间文学	山西省陵川县
5	锣鼓艺术(云胜锣鼓)	传统音乐	山西省原平市
6	佛教音乐(楞严寺寺庙音乐)	传统音乐	山西省左云县
7	鼓舞(万荣花鼓)	传统舞蹈	山西省万荣县
8	鼓舞(土沃老花鼓)	传统舞蹈	山西省沁水县
9	鼓舞(稷山高台花鼓)	传统舞蹈	山西省稷山县
10	麒麟舞(麒麟采八宝)	传统舞蹈	山西省侯马市
11	北路梆子	传统戏剧	山西省大同市
12	碗碗腔(曲沃碗碗腔)	传统戏剧	山西省曲沃县
13	秧歌戏(泽州秧歌)	传统戏剧	山西省泽州县
14	道情戏(神池道情戏)	传统戏剧	山西省神池县
15	傩戏(任庄扇鼓傩戏)	传统戏剧	山西省曲沃县
16	眉户(晋南眉户)	传统戏剧	山西省临汾市
17	上党二簧	传统戏剧	山西省晋城市城区
18	莲花落	曲艺	山西省太原市
19	长子鼓书	曲艺	山西省长子县
20	翼城琴书	曲艺	山西省翼城县
21	曲沃琴书	曲艺	山西省曲沃县
22	泽州四弦书	曲艺	山西省泽州县
23	形意拳	传统体育、游艺与杂技	山西省太谷县
24	心意拳	传统体育、游艺与杂技	山西省祁县
25	通背缠拳	传统体育、游艺与杂技	山西省洪洞县
26	平遥纱阁戏人	传统美术	山西省平遥县
27	清徐彩门楼	传统美术	山西省清徐县
28	家具制作技艺(晋作家具制作技艺)	传统技艺	山西省临汾市
29	漆器髹饰技艺(绛州剔犀技艺)	传统技艺	山西省新绛县
30	传统面食制作技艺(稷山传统面点制作技艺)	传统技艺	山西省稷山县

续表

序号	项目名称	类别	申报地区或单位
31	雁门民居营造技艺	传统技艺	山西省忻州市
32	中医诊法(道虎壁王氏中医妇科)	传统医药	山西省平遥县
33	中医传统制剂方法(定坤丹制作技艺)	传统医药	山西省太谷县
34	中医正骨疗法(武氏正骨疗法)	传统医药	山西省高平市
35	春节(怀仁旺火习俗)	民俗	山西省怀仁县
36	清明节(介休寒食清明习俗)	民俗	山西省介休市
37	中秋节(泽州中秋习俗)	民俗	山西省泽州县
38	重阳节(皇城村重阳习俗)	民俗	山西省阳城县
39	祭祖习俗(沁水柳氏清明祭祖)	民俗	山西省沁水县
40	中和节(永济背冰)	民俗	山西省永济市
41	中和节(云丘山中和节)	民俗	山西省乡宁县
42	尉村跑鼓车	民俗	山西省襄汾县
43	独辕四景车赛会	民俗	山西省平顺县

2014 年(第四批)

序号	项目名称	类别	申报地区或单位
1	广禅侯故事	民间文学	山西省阳城县
2	唢呐艺术(临县大唢呐)	传统音乐	山西省临县
3	锣鼓艺术(软槌锣鼓)	传统音乐	山西省万荣县
4	左权小花戏	传统舞蹈	山西省左权县
5	晋剧	传统戏剧	山西省晋中市
6	线腔	传统戏剧	山西省芮城县
7	弹唱	曲艺	山西省吕梁市离石区
8	剪纸(静乐剪纸)	传统美术	山西省静乐县
9	面花(岚县面塑)	传统美术	山西省岚县
10	木雕(永乐桃木雕刻)	传统美术	山西省芮城县
11	酿醋技艺(小米醋酿造技艺)	传统技艺	山西省襄汾县
12	皮纸制作技艺(平阳麻笺制作技艺)	传统技艺	山西省襄汾县
13	陶器烧制技艺(平定砂器制作技艺)	传统技艺	山西省平定县
14	陶器烧制技艺(平定黑釉刻花陶瓷制作技艺)	传统技艺	山西省平定县
15	蚕丝织造技艺(潞绸织造技艺)	传统技艺	山西省高平市
16	金银细工制作技艺	传统技艺	山西省稷山县
17	漆器髹饰技艺(稷山螺钿漆器髹饰技艺)	传统技艺	山西省稷山县
18	铜器制作技艺(大同铜器制作技艺)	传统技艺	山西省大同市城区

续表

序号	项目名称	类别	申报地区或单位
19	古建筑模型制作技艺	传统技艺	山西省太原市
20	中医传统制剂方法(安宫牛黄丸制作技艺)	传统医药	山西省太谷县
21	中医传统制剂方法(点舌丸制作技艺)	传统医药	山西省新绛县
22	民间社火(南庄无根架火)	民俗	山西省晋中市榆次区
23	庙会(蒲县朝山会)	民俗	山西省蒲县

2021 年(第五批)

序号	项目名称	类别	申报地区或单位
1	唢呐艺术(五台八大套)	传统音乐	山西省忻州市五台县
2	翼城浑身板	传统舞蹈	山西省临汾市翼城县
3	秧歌戏(沁源秧歌)	传统戏剧	山西省长治市沁源县
4	屯留道情	曲艺	山西省长治市屯留区
5	陵川钢板书	曲艺	山西省晋城市陵川县
6	剪纸(太原剪纸)	传统美术	山西省太原市
7	传统棉纺织技艺(惠畅土布制作技艺)	传统技艺	山西省运城市永济市
8	晒盐技艺(运城河东制盐技艺)	传统技艺	山西省运城市
9	传统面食制作技艺(太谷饼制作技艺)	传统技艺	山西省晋中市太谷区
10	银铜器制作及鎏金技艺(朔州传统鎏金技艺)	传统技艺	山西省朔州市朔城区
11	八义窑红绿彩瓷烧制技艺	传统技艺	山西省长治市上党区
12	葫芦制作技艺(文水葫芦制作技艺)	传统技艺	山西省吕梁市文水县
13	中医诊疗法(摸骨正脊术)	传统医药	山西省晋中市灵石县
14	春节(娘子关跑马排春节习俗)	民俗	山西省阳泉市平定县

八、河南省国家级非物质文化遗产代表性项目名录

2006 年(第一批)

序号	项目名称	类别	申报地区或单位
1	梁祝传说	民间文学	河南省汝南县
2	董永传说	民间文学	河南省武陟县
3	唢呐艺术	传统音乐	河南省沁阳市
4	板头曲	传统音乐	河南省南阳市
5	豫剧	传统戏剧	河南省
6	宛梆	传统戏剧	河南省内乡县

续表

序号	项目名称	类别	申报地区或单位
7	怀梆	传统戏剧	河南省沁阳市
8	大平调	传统戏剧	河南省濮阳县
9	大平调	传统戏剧	河南省滑县
10	大平调	传统戏剧	河南省延津县
11	越调	传统戏剧	河南省周口市
12	大弦戏	传统戏剧	河南省滑县
13	大弦戏	传统戏剧	河南省濮阳县
14	四平调	传统戏剧	河南省商丘市
15	四平调	传统戏剧	河南省濮阳市
16	曲剧	传统戏剧	河南省
17	道情戏(太康道情戏)	传统戏剧	河南省太康县
18	目连戏(南乐目连戏)	传统戏剧	河南省南乐县
19	河洛大鼓	曲艺	河南省洛阳市
20	河南坠子	曲艺	河南省
21	少林功夫	传统体育、游艺与杂技	河南省登封市
22	太极拳(陈氏太极拳)	传统体育、游艺与杂技	河南省焦作市
23	朱仙镇木版年画	传统美术	河南省开封市
24	泥塑(浚县泥咕咕)	传统美术	河南省浚县
25	太昊伏羲祭典	民俗	河南省淮阳县
26	马街书会	民俗	河南省宝丰县

2008 年(第二批)

序号	项目名称	类别	申报地区或单位
1	木兰传说	民间文学	河南省虞城县
2	盘古神话	民间文学	河南省桐柏县
3	盘古神话	民间文学	河南省泌阳县
4	邵原神话群	民间文学	河南省济源市
5	信阳民歌	传统音乐	河南省信阳市
6	西坪民歌	传统音乐	河南省西峡县
7	江河号子(黄河号子)	传统音乐	黄河水利委员会河南黄河河务局
8	笙管乐(超化吹歌)	传统音乐	河南省新密市
9	锣鼓艺术(大铜器)	传统音乐	河南省西平县

续表

序号	项目名称	类别	申报地区或单位
10	锣鼓艺术(大铜器)	传统音乐	河南省郏县
11	锣鼓艺术(开封盘鼓)	传统音乐	河南省开封市
12	佛教音乐(大相国寺梵乐)	传统音乐	河南省开封市
13	狮舞(小相狮舞)	传统舞蹈	河南省巩义市
14	狮舞(槐店文狮子)	传统舞蹈	河南省沈丘县
15	高跷(高抬火轿)	传统舞蹈	河南省沁阳市
16	麒麟舞	传统舞蹈	河南省兰考县
17	灯舞(苏家作龙凤灯舞)	传统舞蹈	河南省博爱县
18	跑帷子	传统舞蹈	河南省汤阴县
19	官会响锣	传统舞蹈	河南省项城市
20	越调	传统戏剧	河南省许昌市
21	柳子戏	传统戏剧	河南省清丰县
22	皮影戏(罗山皮影戏)	传统戏剧	河南省罗山县
23	二夹弦	传统戏剧	河南省开封市
24	二夹弦	传统戏剧	河南省滑县
25	罗卷戏	传统戏剧	河南省汝南县
26	罗卷戏	传统戏剧	河南省范县
27	二股弦	传统戏剧	河南省武陟县
28	三弦书(南阳三弦书)	曲艺	河南省南阳市
29	大调曲子	曲艺	河南省南阳市
30	八极拳(月山八极拳)	传统体育、游艺与杂技	河南省博爱县
31	心意六合拳	传统体育、游艺与杂技	河南省漯河市
32	心意六合拳	传统体育、游艺与杂技	河南省周口市
33	苌家拳	传统体育、游艺与杂技	河南省荥阳市
34	东北庄杂技	传统体育、游艺与杂技	河南省濮阳市
35	剪纸(灵宝剪纸)	传统美术	河南省灵宝市
36	剪纸(卢氏剪纸)	传统美术	河南省卢氏县
37	剪纸(辉县剪纸)	传统美术	河南省辉县市
38	灯彩(洛阳宫灯)	传统美术	河南省洛阳市

续表

序号	项目名称	类别	申报地区或单位
39	灯彩(汴京灯笼张)	传统美术	河南省开封市
40	石雕(方城石猴)	传统美术	河南省方城县
41	玉雕(镇平玉雕)	传统美术	河南省镇平县
42	木版年画(滑县木版年画)	传统美术	河南省滑县
43	汴绣	传统美术	河南省开封市
44	钧瓷烧制技艺	传统技艺	河南省禹州市
45	唐三彩烧制技艺	传统技艺	河南省洛阳市
46	蒸馏酒传统酿造技艺(宝丰酒传统酿造技艺)	传统技艺	河南省宝丰县
47	真不同洛阳水席制作技艺	传统技艺	河南省洛阳市
48	中药炮制技术(四大怀药种植与炮制)	传统医药	河南省焦作市
49	中医正骨疗法(平乐郭氏正骨法)	传统医药	河南省洛阳市
50	黄帝祭典(新郑黄帝拜祖祭典)	民俗	河南省新郑市
51	民间社火(浚县民间社火)	民俗	河南省浚县
52	药市习俗(百泉药会)	民俗	河南省辉县市
53	药市习俗(禹州药会)	民俗	河南省禹州市
54	民间信俗(关公信俗)	民俗	河南省洛阳市
55	打铁花	民俗	河南省确山县
56	洛阳牡丹花会	民俗	河南省洛阳市

2011年(第三批)

序号	项目名称	类别	申报地区或单位
1	锣鼓艺术(中州大鼓)	传统音乐	河南省新乡县
2	龙舞(火龙舞)	传统舞蹈	河南省孟州市
3	麒麟舞(睢县麒麟舞)	传统舞蹈	河南省睢县
4	大平调	传统戏剧	河南省浚县
5	越调	传统戏剧	河南省邓州市
6	皮影戏(桐柏皮影戏)	传统戏剧	河南省桐柏县
7	淮调	传统戏剧	河南省安阳县
8	落腔	传统戏剧	河南省内黄县
9	撂石锁	传统体育、游艺与杂技	河南省开封市
10	窑洞营造技艺(地坑院营造技艺)	传统技艺	河南省陕县
11	汝瓷烧制技艺	传统技艺	河南省汝州市
12	汝瓷烧制技艺	传统技艺	河南省宝丰县
13	重阳节(上蔡重阳习俗)	民俗	河南省上蔡县

2014 年(第四批)

序号	项目名称	类别	申报地区或单位
1	老子传说	民间文学	河南省灵宝市
2	河图洛书传说	民间文学	河南省洛阳市
3	杞人忧天传说	民间文学	河南省杞县
4	古筝艺术(中州筝派)	传统音乐	河南省
5	锣鼓艺术(大铜器)	传统音乐	河南省遂平县
6	耍老虎	传统舞蹈	河南省焦作市
7	花鼓戏(光山花鼓戏)	传统戏剧	河南省光山县
8	罗卷戏	传统戏剧	河南省邓州市
9	太极拳(和氏太极拳)	传统体育、游艺与杂技	河南省温县
10	泥塑(淮阳泥泥狗)	传统美术	河南省淮阳县
11	麦秆剪贴	传统美术	河南省清丰县
12	宝剑锻制技艺(棠溪宝剑锻制技艺)	传统技艺	河南省西平县
13	绿茶制作技艺(信阳毛尖茶制作技艺)	传统技艺	河南省信阳市
14	登封窑陶瓷烧制技艺	传统技艺	河南省登封市
15	当阳峪绞胎瓷烧制技艺	传统技艺	河南省焦作市
16	中医诊疗法(买氏中医外治法)	传统医药	河南省周口市川汇区
17	中医诊疗法(毛氏济世堂脱骨疽疗法)	传统医药	河南省新蔡县
18	庙会(浚县正月古庙会)	民俗	河南省浚县

2021 年(第五批)

序号	项目名称	类别	申报地区或单位
1	玄奘传说	民间文学	河南省洛阳市偃师区
2	陕州锣鼓书	曲艺	河南省三门峡市
3	幻术(宝丰魔术)	传统体育、游艺与杂技	河南省平顶山市宝丰县
4	烙画(南阳烙画)	传统美术	河南省南阳市卧龙区
5	鲁山窑烧制技艺(鲁山花瓷烧制技艺)	传统技艺	河南省平顶山市鲁山县
6	金镶玉制作技艺(郏县金镶玉制作技艺)	传统技艺	河南省平顶山市郏县
7	小吃制作技艺(逍遥胡辣汤制作技艺)	传统技艺	河南省周口市西华县
8	中医诊疗法(张氏经络收放疗法)	传统医药	河南省新乡市红旗区

续表

序号	项目名称	类别	申报地区或单位
9	中医诊疗法(宋氏中医外科疗法)	传统医药	河南省平顶山市汝州市
10	农历二十四节气(内乡打春牛习俗)	民俗	河南省南阳市内乡县
11	庙会(商丘火神台庙会)	民俗	河南省商丘市睢阳区
12	祭典(老子祭典)	民俗	河南省周口市鹿邑县

九、山东省国家级非物质文化遗产代表性项目名录

2006 年(第一批)

序号	项目名称	类别	申报地区或单位
1	梁祝传说	民间文学	山东省济宁市
2	孟姜女传说	民间文学	山东省淄博市
3	聊斋俚曲	传统音乐	山东省淄博市
4	鲁西南鼓吹乐	传统音乐	山东省嘉祥县
5	秧歌(鼓子秧歌)	传统舞蹈	山东省商河县
6	秧歌(胶州秧歌)	传统舞蹈	山东省胶州市
7	秧歌(海阳大秧歌)	传统舞蹈	山东省海阳市
8	京剧	传统戏剧	山东省
9	柳子戏	传统戏剧	山东省
10	柳琴戏	传统戏剧	山东省枣庄市
11	五音戏	传统戏剧	山东省淄博市
12	茂腔	传统戏剧	山东省高密市
13	茂腔	传统戏剧	山东省胶州市
14	道情戏(蓝关戏)	传统戏剧	山东省莱州市
15	一勾勾	传统戏剧	山东省临邑县
16	山东大鼓	曲艺	山东省
17	胶东大鼓	曲艺	山东省烟台市
18	山东琴书	曲艺	山东省
19	山东快书	曲艺	山东省
20	聊城杂技	传统体育、游艺与杂技	山东省聊城市
21	蹴鞠	传统体育、游艺与杂技	山东省淄博市

续表

序号	项目名称	类别	申报地区或单位
22	杨家埠木版年画	传统美术	山东省潍坊市
23	高密扑灰年画	传统美术	山东省高密市
24	风筝制作技艺(潍坊风筝)	传统技艺	山东省潍坊市
25	祭孔大典	民俗	山东省曲阜市
26	泰山石敢当习俗	民俗	山东省泰安市
27	胡集书会	民俗	山东省惠民县

2008 年(第二批)

序号	项目名称	类别	申报地区或单位
1	董永传说	民间文学	山东省博兴县
2	牛郎织女传说	民间文学	山东省沂源县
3	陶朱公传说	民间文学	山东省定陶县
4	麒麟传说	民间文学	山东省巨野县
5	麒麟传说	民间文学	山东省嘉祥县
6	鲁班传说	民间文学	山东省曲阜市
7	鲁班传说	民间文学	山东省滕州市
8	八仙传说	民间文学	山东省蓬莱市
9	秃尾巴老李的传说	民间文学	山东省即墨市
10	秃尾巴老李的传说	民间文学	山东省莒县
11	秃尾巴老李的传说	民间文学	山东省文登市
12	秃尾巴老李的传说	民间文学	山东省诸城市
13	崂山民间故事	民间文学	山东省青岛市崂山区
14	古琴艺术(诸城派)	传统音乐	山东省诸城市
15	唢呐艺术(邹城平派鼓吹乐)	传统音乐	山东省邹城市
16	鲁西南鼓吹乐	传统音乐	山东省菏泽市牡丹区
17	海洋号子(长岛渔号)	传统音乐	山东省长岛县
18	鲁南五大调	传统音乐	山东省郯城县
19	鲁南五大调	传统音乐	山东省日照市
20	古筝艺术(山东古筝乐)	传统音乐	山东省菏泽市
21	佛教音乐(鱼山梵呗)	传统音乐	山东省东阿县
22	道教音乐(崂山道教音乐)	传统音乐	山东省青岛市崂山区
23	道教音乐(泰山道教音乐)	传统音乐	山东省泰安市

续表

序号	项目名称	类别	申报地区或单位
24	道教音乐(胶东全真道教音乐)	传统音乐	山东省烟台市
25	道教音乐(腊山道教音乐)	传统音乐	山东省东平县
26	秧歌(济阳鼓子秧歌)	传统舞蹈	山东省济阳县
27	高跷(独杆跷)	传统舞蹈	山东省泰安市
28	鼓舞(陈官短穗花鼓)	传统舞蹈	山东省广饶县
29	鼓舞(柳林花鼓)	传统舞蹈	山东省冠县
30	鼓舞(花鞭鼓舞)	传统舞蹈	山东省商河县
31	鼓舞(八卦鼓舞)	传统舞蹈	山东省栖霞市
32	商羊舞	传统舞蹈	山东省鄄城县
33	大平调	传统戏剧	山东省东明县
34	大平调	传统戏剧	山东省菏泽市牡丹区
35	大弦戏	传统戏剧	山东省菏泽市
36	四平调	传统戏剧	山东省金乡县
37	四平调	传统戏剧	山东省成武县
38	柳琴戏	传统戏剧	山东省临沂市
39	道情戏(沾化渔鼓戏)	传统戏剧	山东省沾化县
40	皮影戏(泰山皮影戏)	传统戏剧	山东省泰安市
41	皮影戏(济南皮影戏)	传统戏剧	山东省济南市
42	皮影戏(定陶皮影)	传统戏剧	山东省定陶县
43	二夹弦	传统戏剧	山东省定陶县
44	吕剧	传统戏剧	山东省吕剧院
45	吕剧	传统戏剧	山东省济南市
46	吕剧	传统戏剧	山东省博兴县
47	吕剧	传统戏剧	山东省东营市东营区
48	柳腔	传统戏剧	山东省即墨市
49	山东梆子	传统戏剧	山东省菏泽市
50	山东梆子	传统戏剧	山东省泰安市
51	山东梆子	传统戏剧	山东省嘉祥县
52	莱芜梆子	传统戏剧	山东省莱芜市
53	枣梆	传统戏剧	山东省菏泽市
54	胶东大鼓	曲艺	山东省青岛市
55	山东琴书	曲艺	山东省菏泽市

续表

序号	项目名称	类别	申报地区或单位
56	莺歌柳书	曲艺	山东省菏泽市
57	山东落子	曲艺	山东省单县
58	查拳	传统体育、游艺与杂技	山东省冠县
59	螳螂拳	传统体育、游艺与杂技	山东省莱阳市
60	宁津杂技	传统体育、游艺与杂技	山东省宁津县
61	剪纸(莒县过门笺)	传统美术	山东省莒县
62	剪纸(滨州民间剪纸)	传统美术	山东省滨州市
63	剪纸(高密剪纸)	传统美术	山东省高密市
64	剪纸(烟台剪纸)	传统美术	山东省烟台市
65	泥塑(聂家庄泥塑)	传统美术	山东省高密市
66	面人(曹州面人)	传统美术	山东省菏泽市牡丹区
67	面人(曹县江米人)	传统美术	山东省曹县
68	面花(郎庄面塑)	传统美术	山东省冠县
69	草编(莱州草辫)	传统美术	山东省莱州市
70	石雕(嘉祥石雕)	传统美术	山东省嘉祥县
71	石雕(掖县滑石雕刻)	传统美术	山东省莱州市
72	木雕(曲阜楷木雕刻)	传统美术	山东省曲阜市
73	核雕(潍坊核雕)	传统美术	山东省潍坊市
74	葫芦雕刻(东昌葫芦雕刻)	传统美术	山东省聊城市
75	锡雕	传统美术	山东省莱芜市
76	木版年画(东昌府木版年画)	传统美术	山东省聊城市
77	木版年画(张秋木版年画)	传统美术	山东省阳谷县
78	砖塑(鄄城砖塑)	传统美术	山东省鄄城县
79	临清贡砖烧制技艺	传统技艺	山东省临清市
80	鲁锦织造技艺	传统技艺	山东省鄄城县
81	鲁锦织造技艺	传统技艺	山东省嘉祥县
82	黄金溜槽堆石砌灶冶炼技艺	传统技艺	山东省招远市
83	周村烧饼制作技艺	传统技艺	山东省淄博市
84	中医传统制剂方法(东阿阿胶制作技艺)	传统医药	山东省东阿县

续表

序号	项目名称	类别	申报地区或单位
85	中医传统制剂方法(东阿阿胶制作技艺)	传统医药	山东省平阴县
86	渔民开洋、谢洋节	民俗	山东省荣成市
87	渔民开洋、谢洋节	民俗	山东省日照市
88	渔民开洋、谢洋节	民俗	山东省即墨市
89	灯会(渔灯节)	民俗	山东省烟台市
90	庙会(泰山东岳庙会)	民俗	山东省泰安市
91	抬阁(芯子、铁枝、飘色)(阁子里芯子)	民俗	山东省淄博市临淄区
92	抬阁(芯子、铁枝、飘色)(周村芯子)	民俗	山东省淄博市周村区
93	抬阁(芯子、铁枝、飘色)(章丘芯子)	民俗	山东省章丘市

2011 年(第三批)

序号	项目名称	类别	申报地区或单位
1	孟姜女传说	民间文学	山东省莒县
2	尧的传说	民间文学	山东省菏泽市牡丹区
3	徐福传说	民间文学	山东省胶南市
4	徐福传说	民间文学	山东省青岛市黄岛区
5	舜的传说	民间文学	山东省诸城市
6	庄子传说	民间文学	山东省东明县
7	柳毅传说	民间文学	山东省潍坊市寒亭区
8	牡丹传说	民间文学	山东省菏泽市牡丹区
9	泰山传说	民间文学	山东省泰安市
10	鲁西南鼓吹乐	传统音乐	山东省巨野县
11	鲁西南鼓吹乐	传统音乐	山东省单县
12	弦索乐(菏泽弦索乐)	传统音乐	山东省菏泽市
13	秧歌(阳信鼓子秧歌)	传统舞蹈	山东省阳信县
14	龙舞(龙灯扛阁)	传统舞蹈	山东省临沂市
15	大平调	传统戏剧	山东省成武县
16	吕剧	传统戏剧	山东省滨州市
17	鹧鸪戏	传统戏剧	山东省淄博市临淄区
18	山东琴书	曲艺	山东省郓城县
19	端鼓腔	曲艺	山东省东平县
20	端鼓腔	曲艺	山东省微山县

续表

序号	项目名称	类别	申报地区或单位
21	螳螂拳	传统体育、游艺与杂技	山东省栖霞市
22	螳螂拳	传统体育、游艺与杂技	山东省青岛市崂山区
23	佛汉拳	传统体育、游艺与杂技	山东省东明县
24	孙膑拳	传统体育、游艺与杂技	山东省青岛市市北区
25	孙膑拳	传统体育、游艺与杂技	山东省安丘市
26	肘捶	传统体育、游艺与杂技	山东省临清市
27	花毽	传统体育、游艺与杂技	山东省青州市
28	泥塑(惠民泥塑)	传统美术	山东省惠民县
29	柳编(博兴柳编)	传统美术	山东省博兴县
30	柳编(曹县柳编)	传统美术	山东省曹县
31	漆器髹饰技艺(潍坊嵌银髹漆技艺)	传统技艺	山东省潍坊市
32	淄博陶瓷烧制技艺	传统技艺	山东省淄博市
33	孔府菜烹饪技艺	传统技艺	山东省曲阜市

2014年(第四批)

序号	项目名称	类别	申报地区或单位
1	孟姜女传说	民间文学	山东省莱芜市莱城区
2	胡峄阳传说	民间文学	山东省青岛市城阳区
3	孟母教子传说	民间文学	山东省邹城市
4	山东落子	曲艺	山东省金乡县
5	山东花鼓	曲艺	山东省菏泽市
6	螳螂拳	传统体育、游艺与杂技	山东省青岛市市南区
7	徐家拳	传统体育、游艺与杂技	山东省新泰市

续表

序号	项目名称	类别	申报地区或单位
8	内画(鲁派内画)	传统美术	山东省淄博市张店区
9	传统玩具(郯城木旋玩具)	传统美术	山东省郯城县
10	琉璃烧制技艺	传统技艺	山东省淄博市博山区
11	琉璃烧制技艺	传统技艺	山东省曲阜市
12	陶器烧制技艺(德州黑陶烧制技艺)	传统技艺	山东省德州市
13	晒盐技艺(卤水制盐技艺)	传统技艺	山东省寿光市
14	酱肉制作技艺(亓氏酱香源肉食酱制技艺)	传统技艺	山东省莱芜市莱城区
15	德州扒鸡制作技艺	传统技艺	山东省德州市
16	龙口粉丝传统制作技艺	传统技艺	山东省招远市
17	中医传统制剂方法(二仙膏制作技艺)	传统医药	山东省济宁市任城区
18	中医正骨疗法(新泰孟氏正骨疗法)	传统医药	山东省新泰市
19	元宵节(淄博花灯会)	民俗	山东省淄博市张店区
20	民间信俗(东镇沂山祭仪)	民俗	山东省临朐县

2021 年(第五批)

序号	项目名称	类别	申报地区或单位
1	锣鼓艺术(临清驾鼓)	传统音乐	山东省聊城市临清市
2	阴阳板	传统舞蹈	山东省济宁市邹城市
3	茂腔	传统戏剧	山东省青岛市黄岛区
4	梅花拳(梁山梅花拳)	传统体育、游艺与杂技	山东省济宁市梁山县
5	柳编(临沭柳编)	传统美术	山东省临沂市临沭县
6	木雕(曹县木雕)	传统美术	山东省菏泽市曹县
7	鲁绣	传统美术	山东省
8	蒸馏酒传统酿造技艺(景芝酒传统酿造技艺)	传统技艺	山东省潍坊市安丘市
9	豆腐传统制作技艺	传统技艺	山东省泰安市泰山区
10	丝绸染织技艺(周村丝绸染织技艺)	传统技艺	山东省淄博市周村区
11	中医正骨疗法(徐氏中医正骨)	传统医药	山东省滨州市沾化区
12	传统中医药文化(宏济堂中医药文化)	传统医药	山东省济南市
13	中元节(莱芜中元节习俗)	民俗	山东省济南市莱芜区